JEROEN WITKAM

HET ON

Gebed en

lannoo

Omslagontwerp Antoon De Vijlder
Gezet, gedrukt en gebonden bij
Drukkerij Lannoo nv, Tielt - 1994
Printed in Belgium
D/1994/45/19 - ISBN 90 209 2356 0 - NUGI 636

Inhoud

Het Onze Vader

Het 'Onze Vader' is het gebed dat Jezus zelf ons geleerd heeft en wel, zoals bij Lucas vermeld staat, op uitdrukkelijke vraag van de leerlingen: 'Heer, leer ons bidden' *(Lc 11, 1)*. Met het 'Onze Vader' toonde Jezus aan zijn leerlingen, dus ook aan ons, een weg van gebed.
Het 'Onze Vader' leert ons bidden, in die zin dat Jezus ons met dit gebed een aantal woorden heeft toevertrouwd om daardoorheen God te ontmoeten, Hem te beleven. Die woorden zijn als het ware het middel dat ons wordt gegeven om thuis te komen in God. Het zijn woorden die de hele bijbelse boodschap samenvatten.
Het 'Onze Vader' is het gebed dat door de eeuwen heen in de Kerk, door de christenheid, gebeden is. In allerlei situaties – bijvoorbeeld in het gezin voor en na tafel, in de kerk tijdens eucharistie en koorgebed, bij allerlei andere gelegenheden – is het 'Onze Vader' de uitdrukking van ons christen-zijn, van ons toebehoren aan Jezus, en in Jezus de uitdrukking van ons delen in zijn relatie met de Vader.
Het 'Onze Vader' kennen wij in twee recensies. Daaruit blijkt dat het niet alleen gaat om de woorden zoals Jezus ze zelf tijdens zijn aardse leven gesproken heeft. In de tijd van Jezus waren de mensen nog veelal op hun geheugen ingesteld. Wanneer de mensen iets wilden leren of overbrengen, dan werd dat vaak op een ritmische manier verteld, in een poëtische stijl. Daarbij werd meestal tweemaal hetzelfde op een andere manier gezegd waardoor die woorden – die boodschap – diep in het geheugen konden doordringen.
Hetzelfde gebeurde met de woorden van Jezus, die in die beginperiode veelal werden bewaard in het geheugen van zijn leerlingen en mondeling doorverteld. Pas veel later, lang na Jezus' dood, zijn ze opgeschreven, en ons nu in de vier Evangeliën overgeleverd. Evenmin mogen we vergeten

dat er na Jezus' dood een heel nieuwe situatie was ontstaan. Jezus' dood als ontknoping van de verkondiging van het koninkrijk Gods was namelijk geheel onverwacht.
Jezus heeft zijn boodschap echter gebracht vóór zijn kruisdood en verrijzenis. De eerste Kerk is pas daarna ontstaan. De woorden van Jezus zijn als het ware naar ons toegekomen, omkleed met de ervaring van de eerste Kerk. Of we dat nu jammer vinden of niet: het is een feit dat Jezus' woorden niet alleen door de individuele mens, Jezus, zijn gesproken, maar ook teruggaan op de eerste christengemeenschap, en dat de precieze vormgeving, door Jezus óf door de Kerk, niet met zekerheid te achterhalen valt.
Bovendien is Jezus in eerste instantie alleen naar zijn eigen volk gezonden. Pas als zijn eigen volk, Israël, zich bekeerd zou hebben, zou het een zending naar de hele wereld krijgen. Aangezien Jezus echter door het volk van Israël werd afgewezen, kwam het perspectief van de volken, van de heidenen, van de grote volkerenwereld nabij, buiten Israël om.
Dit laat zien dat er zich een hele perspectief-wijziging heeft voorgedaan door het feit dat Jezus zijn zending beëindigd heeft, door het menselijk ongeloof heen; dat wil zeggen: door zijn kruisdood en verrijzenis. De Kerk, de apostelen en de leerlingen moesten vanuit die nieuwe gezichtshoek de boodschap van Jezus doorgeven.
Het valt moeilijk uit te maken in hoeverre zij zich bewust geweest zijn van dat probleem. Wel waren ze zich ervan bewust dat de verrezen Heer bij zijn Kerk aanwezig bleef. Door zijn Geest bleef Hij in de eerste Kerk werkzaam. Vandaar dat ze eigenlijk geen onderscheid maakten tussen de woorden die Jezus als aardse Jezus gesproken heeft en die welke Hij door zijn Geest gesproken heeft; dat wil zeggen: door mensen die vol waren van zijn Geest, die spraken in de kracht van de Heilige Geest.
Zo is het dan gekomen tot de vier openbaringswijzen van de vier evangelisten betreffende Jezus. De kerkelijke traditie heeft hiertoe het beeld gebruikt van de vier dieren van de

Apokalyps *(Apk 4, 6-11)*. Jezus komt op vier manieren naar ons toe: het geheim is als het ware onuitputtelijk, één persoon zou het niet volledig kunnen uitvertellen.
Vandaar dat er ook twee versies van het 'Onze Vader' zijn ontstaan, die allebei iets laten zien van het eigene, het bijzondere van Jezus. Lucas geeft een kortere versie, Matteüs een langere die wij gebruiken als we het 'Onze Vader' bidden.
Hier volgt de versie van Lucas: 'Op een keer was Jezus ergens aan het bidden. Toen Hij ophield, zei een van zijn leerlingen tot Hem: "Heer, leer ons bidden, zoals Johannes het ook aan zijn leerlingen geleerd heeft." Hij sprak tot hen: "Wanneer ge bidt, zeg dan: Vader, uw Naam worde geheiligd, uw Rijk kome. Geef ons iedere dag ons dagelijks brood, en vergeef ons onze zonden, want ook wijzelf vergeven aan ieder die ons iets schuldig is. En leid ons niet in bekoring"' *(Lc 11, 1-4)*.
Bij Lucas wordt benadrukt dat Jezus aan het bidden was. Dat is het uitgangspunt. En dat de Heer aan het bidden is, moet op de leerlingen zo'n indruk gemaakt hebben dat ze Hem vragen te worden ingewijd: 'Heer, wijd ons in, leer ons bidden.' Er ligt dan een uitdrukkelijke band met het bidden van Jezus.
Wanneer we nu de versie van Lucas vergelijken met die van Matteüs, zien we dat er twee beden aan werden toegevoegd, namelijk: 'Uw wil geschiede op aarde zoals in de hemel', en: 'Verlos ons van het kwade'.
Zijn dit werkelijk beden van Jezus ? Matteüs heeft de bede 'Uw wil geschiede' niet zelf bedacht, want in de Hof van Olijven heeft Jezus deze bede uitgesproken. Hij deed dit op een heel dramatisch moment, enkele uren voor zijn dood *(Mt 26, 39.42; Mc 14, 36; Lc 22, 42)*. Matteüs heeft de gewoonte woorden of formuleringen die op elkaar lijken of op elkaar betrekking hebben, bij elkaar te zetten. Deze evangelist heeft dus gewoonweg twee gebeden van Jezus, op verschillende plaatsen en momenten uitgesproken, bij elkaar gebracht.
Lucas zegt verder: 'Geef ons iedere dag ons dagelijks brood'

(bij Matteüs staat in deze bede 'heden') 'en vergeef ons onze zonden, want ook wijzelf vergeven aan ieder die ons iets schuldig is, en leid ons niet in bekoring.'
Matteüs heeft er dan aan toegevoegd: 'maar verlos ons van het kwade', of zoals de oecumenische vertaling terecht zegt: 'maar verlos ons van den Boze'.
De inwijding die Jezus ons geeft, gebeurt aan de hand van korte formules. Wellicht zouden we de vraag kunnen stellen: waarom heeft Jezus ons niet een methode gegeven om stil te worden, een weg van verinnerlijking, van diepteinkeer ? Er zijn genoeg passages in de Evangeliën te vinden waarin dat element een rol speelt, bijvoorbeeld waar Jezus spreekt over de waakzaamheid die je kunt beschouwen als een innerlijke gesteltenis (onder andere: *Mt 24, 42; 25, 13; Mc 13, 33*), of in het verhaal over het stilleggen van de storm door Jezus, waar het gaat om de kracht van geloof die stil maakt *(Mt 8, 23-27; Mc 4, 35, 41; Lc 8, 22-25)*.
In het 'Onze Vader' gaat het om een formuliergebed. Hiermee staat Jezus trouwens in de bijbelse traditie, en wel op twee manieren: de traditie van het 'murmelen' of 'hardop herhalen', en die van het 'herdenken' of 'zich herinneren'. Wanneer Jezus ons het 'Onze Vader' leert, sluit Hij aan bij een methode van mediteren die je al vindt in het Oude Testament. In het Hebreeuws komt het woord 'haga' voor dat in het Latijn altijd vertaald wordt door 'meditari', waarvan het Nederlandse woord 'meditatie' is afgeleid.
Wat betekent 'haga' = 'meditari' ? Het is een woord dat zowel op dieren als op mensen wordt toegepast. Bij dieren slaat het op het natuurlijke geluid dat zij voortbrengen, bijvoorbeeld het brullen van de leeuw. Wanneer het van mensen wordt uitgezegd, betekent het: 'murmelen'. Daarbij moet je denken aan de schriftgeleerde die alsmaar bijbelteksten murmelt.
Het lezen van de heilige teksten was tegelijk een murmelen. In die tijd gebeurde lezen namelijk niet in stilte. Denk maar aan het verhaal van Augustinus waarin hij zijn verwondering uitspreekt dat Ambrosius, die het dikwijls heel druk

had omdat hij door iedereen in beslag genomen werd, zich als hij de gelegenheid kreeg, terugtrok en zachtjes aan het lezen was *(Belijdenissen, VI, 3)*.

Voor ons is 'zachtjes lezen' heel gewoon, maar in de Oudheid was hardop, hoorbaar, vaak murmelend lezen de gewone manier van doen. Er ontstaat dan een soort aandachtig automatisme. Net zo goed als ons ademen spontaan gebeurt – je hoeft niet bij iedere ademhaling jezelf een duwtje te geven, het gebeurt gewoon – zo zou je kunnen zeggen dat ook ons spraakorgaan een zelfwerkend orgaan is.

Wanneer je dus vertrouwd raakt met de Schriften, wanneer je voortdurend een woord, een zin murmelt, zoals een bij zoemt of een leeuw brult (de natuurlijke geluiden van die dieren), dan ontstaat er een grote vertrouwdheid met de woorden: ze worden je eigen geluid. Er ontstaat ook een soort vrijmoedigheid, een soort durf. Het spraakorgaan zorgt ervoor dat je als het ware je eigen ruimte inneemt; als je namelijk iets zegt, neem je ruimte in, het woord vervult ruimte. Ook al is het een zacht murmelen, het is de ruimte van je eigen bestaan naar God toe die je inneemt.

Het eigene van het murmelen is dus de overgave aan het krachtveld van het spraakorgaan; je laat het spraakorgaan als het ware zelf zijn werk verrichten. Dat is heel belangrijk. Je zou het murmelen kunnen vergelijken met de 'mantra' uit het hindoeïsme, hoewel een 'mantra' meestal alleen maar innerlijk gezegd wordt en dus niet gemurmeld, en ook maar enkele syllaben omvat. Het Sanskrietwoord 'mantra' wordt etymologisch niet afgeleid van de keel maar van het bewustzijn. 'Man' = het Engelse 'mind', het Latijnse 'mens', dat wij nog kennen in 'mentaal'. 'Tra' = werktuig. 'Mantra' is dus een bewustzijnswerktuig.

Onze christelijke traditie kent trouwens het schietgebed, vergelijkbaar met de 'mantra'. Een schietgebed is een kort gebed waarin je de grondgesteltenissen van je relatie met God, van je christen-zijn, samenvat en als een bede, bijna als een kreet, naar God toe 'afschiet'.

We zouden kunnen zeggen dat het 'Onze Vader' eigenlijk een verzameling schietgebeden is. Zo zien we dat Jezus met het leren van het 'Onze Vader' in de joodse gebedstraditie staat, waarin het murmelen een heel belangrijke weg van meditatie is geweest. Als gebedsmethode is murmelen heel kostbaar.

Een tweede gebedsmethode die Jezus ons met het 'Onze Vader' gegeven heeft, is het zich herinneren. Het murmelen en het zich herinneren zijn met elkaar verwant, en het zijn gebedsmethodes die elkaar aanvullen. Ook het zich herinneren is in de joodse traditie erg belangrijk. De jood leeft, ook nu nog, vanuit het verleden.

Ik denk hierbij aan de uitspraak van Jezus toen Hij bij het Laatste Avondmaal het brood brak en aan zijn leerlingen gaf, en de wijn ronddeelde, zeggend: 'Doe dit tot mijn gedachtenis, blijf aan Mij denken' (vgl. *Lc 22, 19-20*). Je moet je voorstellen dat Jezus toen alleen de donkere nacht inging, de donkere nacht van zijn dood. Juist dan is de vraag aan zijn leerlingen: 'Blijf alsjeblieft aan Mij denken', zo wezenlijk. Het is een afscheidswoord.

Ook als wij afscheid nemen van een vriend, een vriendin, van iemand met wie we heel vertrouwd zijn, zeggen we: 'Denk alsjeblieft aan mij.' Want als er iemand aan je denkt, besta je tenminste nog; dat is het eigenlijk wat onuitgesproken verondersteld wordt.

En het is alsof Jezus aan zijn leerlingen, aan ons, vraagt: 'Blijf alsjeblieft aan Mij denken, dan blijf Ik bestaan.' Want als er niemand meer aan Jezus denkt of aan God, dan bestaan ze niet meer in deze wereld. Maar omgekeerd ook: wij blijven denken aan wat Jezus voor ons gedaan heeft om ook zelf te kunnen blijven bestaan.

Het zijn de grondfeiten, de oerfeiten waarop ons bestaan gegrond is. We blijven ons die herinneren omdat ze ons een richting geven, betekenis geven aan ons leven.

Zo treffen we in het Oude Testament juist dat 'zich herinneren' aan als motivering voor het vieren van de grote feesten. Het Oude Testament kende drie grote feesten waartoe de

joden ter viering werden opgeroepen, waarvoor ze naar Jeruzalem moesten komen, om voor Jahwe te verschijnen. Waarom ? Om de grote daden van God voor het joodse volk in herinnering te blijven houden en daardoor ook als volk te kunnen blijven bestaan. Want als je er niet meer aan blijft denken, dan blijf je zelf ook niet meer bestaan. Daarom is het zo belangrijk om je te blijven herinneren wat voor jou als fundamenteel feit gebeurd is.
Wanneer we de eerste beden van het 'Onze Vader' nagaan, zien we dat daarin de oerwoorden voorkomen die fundamenteel zijn voor heel Jezus' boodschap. Daar zijn de woorden: 'Vader', 'Naam', 'hemel', 'koningsheerschappij' en 'de wil van God'. Dit zijn allemaal woorden die iets laten zien van wat er van God uit naar ons toe gebeurt. Hoewel het eigenlijk steeds gaat om hetzelfde, heeft ieder woord zijn eigen inhoud, zijn eigen benadering.
Van de ene kant vraagt het 'Onze Vader' ons dat we de woorden blijven murmelen, zonder er te veel bij te denken: het gaat om een eenvoud van aandacht. Maar van de andere kant wordt er ook verwacht dat die woorden naar hun inhoud en betekenis in ons bewustzijn doordringen, dat het woorden zijn die we blijven gedenken en waardoor we ons blijven herinneren wie Jezus voor ons is, was en zal blijven. Het gaat dus ook om de inhoud.
Het is echter veeleer het spraakorgaan dan het denkvermogen dat zich deze woorden eigen maakt.
We gaan dus eerst stilstaan bij de betekenis van deze oerwoorden, om die helemaal tot ons te laten doordringen. Nogmaals, dat wil niet zeggen dat je bij ieder 'Onze Vader' al die betekenissen, nuances, verbindingen, bewust naar boven moet laten komen; neen, murmel maar, en in de aandacht bij het murmelen zul je merken dat die woorden als het ware ook naar hun inhoud, hun lading, het hunne doen; die woorden werken wel, ze werken in je, en je moet je alleen maar openstellen om je bewustzijn door die woorden te laten vormen. Het zijn oerwoorden die aansluiten bij wat er heel diep in ons leeft; het zijn geen

woorden die puur vanbuiten komen.
Mensen gebruiken vaak stopwoorden of woorden om gevoelens, emoties uit te drukken, bijvoorbeeld: 'ach hemeltje', of: 'dat is me heilig'. Waarom doen we dat eigenlijk ? Het duidt aan dat het woord 'hemel' of 'heilig' bepaalde associaties voor ons heeft. Met 'heilig' bedoelen we iets heel kostbaars, iets heel belangrijks ! Met het woord 'hemels' bedoelen we een toppunt van geluk !
Die woorden hebben een bijbelse inhoud die we verder zullen nagaan, maar het zijn tevens woorden die op een of andere wijze iets te maken hebben met ons zieleleven. Ze hebben een archetypische betekenis, ze zijn als een oergegeven in ons bewustzijn aanwezig.
Door de manier waarop Jezus deze woorden gebruikte, ze naar ons toe gebracht heeft, krijgen ze in het Evangelie toch een eigen lading. En dat is het belangrijke: de lading, een soort elektrische lading zou je bijna kunnen zeggen. Dit proces van 'opladen' is in de ontwikkeling van het Oude Testament begonnen en in Jezus tot voltooiing gekomen. Hij laat deze woorden tot vervulling komen in de heel bijzondere kracht die ze nu in zich dragen. Ons daarvoor openstellen en die woorden hun werk laten doen, dat is onze bijdrage; ze hebben een vormende kracht voor ons bewustzijn.
Terwijl de eerste drie beden veeleer de situatie van God naar ons toe beschrijven, hoe God zich als het ware baan breekt naar ons toe, gaat het in het tweede gedeelte van het 'Onze Vader' over de situatie van de mens: zijn behoefte aan dagelijks brood, behoefte aan vergeving, behoefte om verlost te worden. Het zijn woorden die onze menselijke situatie beschrijven, hoe we ons verhouden naar God toe.
Door ons te bezinnen op die woorden raken we ermee vertrouwd, worden we ons meer bewust van wat die woorden voor ons te betekenen hebben. Zodoende kunnen we de kracht ervan beter toelaten, meditatief in ons door laten dringen. Ons murmelen van het 'Onze Vader' krijgt dan het vermogen om ons om te vormen naar de grote werkelijkheid

van God, naar het Koninkrijk dat Jezus ons is komen brengen.

God, U gedenken wij dankbaar:
Gij zijt onze oorsprong en onze bestemming.
Dat willen wij ons te binnen roepen,
dat willen wij ons herinneren, telkens weer.
Wij willen ons bewust worden tot in onze diepste kern,
wie Gij voor ons zijt.
In dankend gedenken herhalen we steeds opnieuw
de woorden die Jezus uw Zoon ons heeft geschonken,
woorden van leven, woorden geladen met kracht,
woorden die ons binnenvoeren
in het diepste Geheim van ons bestaan,
daar waar wij thuis zijn bij U, in Jezus uw Zoon.

De Naam

Het eerste oerwoord dat we in het 'Onze Vader' tegenkomen, is het woord 'Vader'. Maar voordat we ons op dit woord gaan bezinnen, is het goed eerst stil te staan bij het oerwoord 'Naam'. Want 'Vader' is de naam die wij aan God geven of die God van zichzelf uit aan ons openbaart.
De vragen die we allereerst kunnen stellen, zijn daarom: wat wil het eigenlijk zeggen dat wij God een naam geven ? Dat wij elkaar en de dingen om ons heen een naam geven ?
Om hier een antwoord op te vinden moeten we naar het scheppingsverhaal toe, daar waar de schepping van Adam verhaald wordt *(Gn 2)*. De verteller vermeldt dat God de mens geboetseerd heeft en hem de levensadem heeft ingeblazen. Maar dan blijkt dat er toch iets niet klopt, dat er nog iets onaf is. God vond het immers niet goed dat de mens alleen zou blijven. Dat was blijkbaar een wezenlijk tekort. Vervolgens vertelt het verhaal dat God de dieren boetseerde en naar Adam toebracht om te zien hoe hij ze zou noemen. En de naam die Adam aan de dieren gaf, is de naam waardoor ze echt herkenbaar zijn, waardoor een zekere relatie tot stand komt.
Nu blijkt echter dat in deze ontmoeting van Adam met de dieren Adams eenzaamheid niet wordt opgeheven. Het is wel zo dat dieren lijken op mensen in hun uiterlijke gestalte en dat ze ook zintuigen hebben en emoties; toch wordt de eenzaamheid van de mens door zijn relatie met de dieren niet opgeheven.
Door de dieren en de dingen om zich heen een naam te geven wordt Adam zich bewust van zijn omgeving, hij kan zijn omgeving hanteren en gebruiken. Adam wordt dus een kennend subject en komt in relatie te staan met de wereld om zich heen. Deze kan hij weliswaar hanteren en gebruiken, maar ze heft zijn eenzaamheid niet op, doordat hij er

niets vindt dat wezenlijk bij hem past. Wanneer het over Adam gaat, gaat het uiteraard ook over ons.

Het belangrijkste in dit bijbelverhaal is niet dat ons een historisch feit uit het verleden verteld wordt. Waar het om gaat, is onszelf te herkennen. Ook in ons heeft dat proces van 'naam geven' plaats, ook wij worden ons, in onze ontwikkeling van klein mensenkind naar volwassene, op een bepaald moment van onszelf bewust, doordat wij een kennend subject worden dat de objecten om ons heen waarneemt en leert benoemen.

Het verschil tussen ons en Adam is wel dat Adam de eerste was die de dingen benoemde, terwijl wij de namen leren uitspreken die wij horen van onze ouders, van onze omgeving. 'Papa, mama, wat is dat ?', is de vraag die het kind voortdurend stelt en waardoor het stilaan tot een kennend subject wordt, een 'ik'.

In de allereerste fase is het kind als het ware nog een onderdeel van zijn omgeving en is er nog geen scheiding. Het kind zoekt zich tastend, met zijn handjes, met heel zijn lijfje, een weg in zijn omgeving, probeert langs de weg van het tasten iets te herkennen. Op een bepaald moment zullen ook de ogen en de oren een rol spelen. Maar je kunt pas echt van een menselijk bewustzijn spreken, wanneer het kind zich ervan bewust wordt dát het kent, dát het een kennend subject is ten opzichte van de dingen om hem heen.

Wij geven aan de dingen de namen die wij horen. Maar er zijn natuurlijk ook momenten waarop mensen iets nieuws ontdekken, en de ontdekker mag dan zelf een naam geven. De ontdekker of uitvinder is dan de eerste in de rij, zoals Adam dat ook was.

Door de naamgeving ontstaat er dus relatie met onze omgeving. Maar blijkbaar wordt het diepste probleem waar een mens mee worstelt – zijn eenzaamheid – daardoor niet opgeheven. Hoe gebeurt dit dan wél ?

De bijbel verhaalt dit op een heel beeldende, mythische wijze, de wijze waarop de mensen in die tijd dachten. Mythen hebben een eigen boodschap, wanneer je gevoel

hebt voor symboliek, voor de beelden die daarin gebruikt worden. Adam wordt in een diepe slaap gebracht en tijdens die diepe slaap gebeurt het. Dat kan niet tijdens zijn waakbewustzijn gebeuren, want dan zou hij als het ware zelf toeschouwer zijn, wat niet mogelijk is. Het is iets waarbij niemand toeschouwer kan zijn en waarbij je het proces zeker niet kunt beheersen. Neen, het gebeurt aan Adam in de ontvankelijkheid van een diepe slaap.
En wat gebeurt er ? De bijbel zegt: 'God neemt een rib weg bij Adam en vormt daaruit een nieuw wezen, een vrouw.' Wat wil dat zeggen ? We gaan even terug naar het ontstaan van Adam zelf, naar de schepping van de mens. Wanneer God de mens boetseert en hem de levensadem inblaast, wordt hij een levend wezen. Hij *bewaart* iets van het goddelijke, namelijk de adem, maar tegelijk *verliest* hij de oneindigheid: hij wordt een eindig wezen. Hij bewaart iets in zich, in die adem, waardoor er een zekere relatie is naar het goddelijke toe, maar veeleer als een gemis, als iets dat hij niet langer heeft. Hij valt als het ware weg uit die totaliteit, die oneindigheid.
Datgene nu, wat gebeurd is tussen God – mens, herhaalt zich tussen mens – mens. Er blijkt een schakering tot stand te komen in het mens-zijn. De mens die daardoor man wordt, verliest iets, zoals de mens iets verliest op het moment dat hij uit die goddelijke wereld te voorschijn komt. Het wegnemen van die rib roept iets op van gemis. De mens raakt iets kwijt waardoor hij man wordt, maar datgene wat hij kwijtraakt, ontmoet hij in de ander en hij geeft die ander een naam.
Er is in het Hebreeuws, evenals bijvoorbeeld in het Frans, maar één woord voor 'mens' en 'man', namelijk 'ish'. Voor 'vrouw' wordt het woord 'isha' gebruikt, de vrouwelijke vorm van 'ish'.
Als Adam dan Eva ontmoet – zo zegt de bijbel – geeft hij haar een naam, en die naam is 'isha', 'mannin': de vrouw wordt heel duidelijk afgeleid van de man, zij wordt uit de man weggenomen en de vrouw bestaat blijkbaar naar de man toe.

We zouden het woord 'mannin' kunnen vertalen door 'vrouwelijke medemens'. Adam herkent in de vrouw een mens zoals hijzelf, een mens die in staat is zijn eenzaamheid op te heffen, maar die toch ook anders is: een vrouwelijke medemens. Het anders-zijn is tegelijk het gemis dat de man in zichzelf voelt en is daarom een voorwaarde tot een nieuwe eenheid: het is mogelijk dat man en vrouw samen één vlees worden.
Het is dan echter een eenheid in relatie; het is geen eenheid die er onbewust is, zoals de eenheid van een kind met zijn moeder, met zijn omgeving; het is een bewuste eenheid waarin de mens bewust kiest. Die keuze gebeurt evenwel in een soort extase, een soort verrukking, want wat de man verloren had door man te worden, vindt hij terug in de vrouw. Het verloren stuk wordt teruggevonden, de eenheid wordt hersteld. De mens wordt dus verlost uit zijn eenzaamheid doordat hij als man de vrouw ontmoet.
Deze beschrijving is patriarchaal: de mens is man; de eenzaamheid van de mens is de eenzaamheid van de man. Het is heel opvallend dat de bijbel beide bewegingen kent: hoewel de bijbel ontstaan is in de patriarchale tijd, niet zolang nadat in de geschiedenis van de mensheid de overgang van matriarchaat naar patriarchaat had plaatsgevonden, heeft men ook de matriarchale beschrijving bewaard: 'Daarom zal de man vader en moeder verlaten om zich te hechten aan zijn vrouw' *(Gn 2, 24)*. De vrouw wordt blijkbaar het levensdoel van de man. Door deze beweging wordt uiteraard ook haar eenzaamheid opgeheven.
Door de naamgeving gebeurt de herkenning, wordt de ontmoeting mogelijk: de man herkent de vrouw, ontmoet de vrouw, in een soort verrukking, in een soort overgave die een nieuwe eenheid bewerkstelligt met het verloren stuk. De naam speelt hierbij een wezenlijke rol.

Na deze inleiding bekijken we de tekst van *Genesis 2, 18-24* wat nader.

'Jahwe God sprak: "Het is niet goed dat de mens alleen blijft. Ik ga een hulp voor hem maken die bij hem past."'

Letterlijk staat er in het Hebreeuws: een hulp *tegenover* hem.

'Toen boetseerde Jahwe God uit de aarde alle dieren op het land en alle vogels van de lucht, en bracht die bij de mens, om te zien hoe hij ze noemen zou...'

God staat dus als het ware afwachtend, en het is niet God die de naam geeft maar de mens zelf; hij schept zelf de relatie met zijn omgeving.

'... zoals de mens ze zou noemen, zo zouden ze heten. De mens gaf dus namen aan al de tamme dieren en aan al de vogels van de lucht en aan al de wilde beesten; maar een hulp die bij hem paste, vond de mens niet. Toen liet Jahwe God de mens in een diepe slaap vallen...'

'Slapen' is een wegvallen uit het bewustzijn waarin wijzelf de baas zijn, naar een bewustzijn van pure ontvankelijkheid: wat gebeurt, gebeurt dan eenvoudigweg aan mij.

'... en terwijl hij sliep, nam Hij een van zijn ribben weg en zette er vlees voor in de plaats. Daarna vormde Jahwe God uit de rib die Hij bij de mens had weggenomen, een vrouw, en bracht haar naar de mens. Toen sprak de mens: "Eindelijk been van mijn gebeente en vlees van mijn vlees ! Mannin zal zij heten want uit een man is zij genomen."'

Tot nu toe is dus de vrouw gericht op de man, een hulp tegenover hem.

'Zo komt het dat een man zijn vader en moeder verlaat en zich zo aan zijn vrouw hecht dat zij volkomen één worden.'

Letterlijk staat er: dat zij één vlees worden. 'Vlees' betekent:

de mens in zijn totaliteit, maar onder het aspect van het toebehoren aan een groter geheel. Het gaat hier over de huwelijksrelatie, maar het kan evengoed een familie- of stamrelatie zijn.
In de naam wordt de relatie bewust uitgedrukt en de eenzaamheid opgeheven.

Ter vergelijking wil ik hier een gedicht weergeven van de dichteres Neeltje Maria Min, waarin de naam centraal staat:

Mijn moeder is mijn naam vergeten

Mijn moeder is mijn naam vergeten,
mijn kind weet nog niet hoe ik heet.
Hoe moet ik mij geborgen weten ?
Noem mij, bevestig mijn bestaan !
Laat mijn naam zijn als een keten,
noem mij, noem mij, spreek mij aan !
O noem mij bij mijn diepste naam,
voor wie ik liefheb, wil ik heten ![1]

Mijn moeder is mijn naam vergeten: er is geen geborgenheid.
Mijn kind weet nog niet hoe ik heet: er is nog geen relatie.
In het liefdesgebeuren tussen man en vrouw gaat het om de naam. De naam noemen betekent: iemands bestaan bevestigen.
Het gedicht laat heel aangrijpend uitkomen wat de diepe betekenis van de naam is: de naam als aanduiding van een heel diepe persoonlijke relatie waarin het allerdiepste van het gevoelsleven met de ander wordt uitgewisseld. Pas wanneer je bij je diepste naam gekend wordt, kun je je geborgen voelen.

We hebben dus stilgestaan bij de naam in de menselijke ontwikkelingsgang en de menselijke relatie. Nu gaan we over naar de naam in de relatie met God.

We vinden in de Hebreeuwse bijbel twee namen voor God: allereerst 'Elohim', de algemene, op alle goden toepasbare naam, en vervolgens 'Jahwe', de naam waarmee God zich aan zijn uitverkoren volk openbaarde.
Allereerst zullen we ons bezighouden met een verhaal waarin de naam van God een rol speelt: in het verhaal over Jacob gaat het om de naam 'Elohim'. Daarna met een verhaal waarin het gaat om de naam 'Jahwe', die aan Mozes geopenbaard wordt.

In het verhaal over Jacob *(Gn 32, 23-33)* is het uitgangspunt ook de relatie tussen twee mensen, niet van man en vrouw maar van twee broers, tweelingbroers. Hoewel Jacob de jongste is, is hij de slimste. Zijn naam betekent trouwens: 'hielenlichter', 'bedrieger'. Hij troggelt op slinkse wijze zijn oudere broer Esau de zegen af, waarin heel de volheid van vaderlijk leven aan de zoon werd doorgegeven. Daarom is de zegen tegelijk de belofte. Als Esau het bedrog ontdekt, is hij zo woedend dat Jacob moet vluchten, ver weg, de rivier over, naar het buitenland. Daar wordt hij een rijk man, gedeeltelijk door eigen inspanning, gedeeltelijk door slinkse listen. Hij is nu eenmaal een Hebreeër, dat wil zeggen: een zigeuner, iemand die in de marge leeft en alleen kan bestaan als hij de gesettelde cultuurmens die hem onderdrukt om de tuin leidt.
Als Jacob rijk is geworden, wil hij terug naar zijn eigen land, zijn oorsprong. Maar dat betekent dat hij ook Esau, die hij bedrogen heeft, weer zal ontmoeten. Hij stoot opnieuw op zijn eigen verleden. Hij moet met het verloren stuk in het reine komen.
In het verhaal wordt het zo uitgebeeld dat aan de confrontatie met Esau de confrontatie van Jacob met zichzelf voorafgaat. Dit gebeurt aan de rivier die hij eerst overgestoken was om te vluchten, en die hij nu weer over moet om terug te keren. In de antieke gedachte wordt een rivier, een wed, bewaakt door een geheimzinnig wezen, een demon of spook, dat de mensen het oversteken wil beletten. Het

spookachtige wezen symboliseert in het verhaal zowel de verdrongen, onbewust geworden emoties uit het verleden als de diepere zin die deze confrontatie voor Jacob heeft. Zodra de mens met de diepere emotionele lagen in zichzelf wordt geconfronteerd, wordt hij tevens met het hogere, het bovenzinnelijke, met God geconfronteerd.
Het blijkt dat Jacob nu op leven en dood moet vechten voor de zegen die hij eens op bedrieglijke wijze heeft afgetroggeld. Het mysterieuze wezen vraagt hem zijn naam en Jacob levert die uit: zijn bedriegersnaam, Jacob. Dan ontvangt hij een nieuwe naam: 'Israël'. Israël betekent: 'Hij heeft gevochten met mensen en goden en hij heeft overwonnen.' Maar als Jacob vervolgens aan dat goddelijk wezen diens naam vraagt, wordt die niet gegeven.
Jacob valt in zijn gevecht op leven en dood wel een echte ervaring van het goddelijke ten deel, maar de naam van God wordt hem niet geschonken. Er bestaat dus een ervaring van het goddelijke waarin hij niet alleen tot zelfkennis komt, de ervaring van eigen zwakheid en zondigheid, uitgedrukt in de naam 'Jacob', maar ook tot een nieuw bewustzijn, een nieuwe bestaansopdracht, uitgedrukt in de naam 'Israël'. Daarin blijft evenwel het goddelijke zelf voor hem nog naamloos, nog onbenoembaar.

Lezen we nu het verhaal:

'Toen Jacob hen (= zijn gezin) met zijn bezittingen over de rivier gebracht had, bleef hij alleen achter. En een man (dit is: een spookachtig wezen, een demon) worstelde met hem, tot het aanbreken van de dageraad.'

Het is dus ook een nachtelijk gebeuren, het gaat immers om de nachtzijde van de mens.

'Toen de man gewaarwerd dat hij Jacob niet aankon...'

Jacob heeft een heel bijzondere kracht, want het gevecht

roept in de mens zijn uiterste krachten op. We moeten dan ook niet terugschrikken voor het gevecht in ons leven, want het gevecht roept ook in ons krachten naar boven die we aanvankelijk misschien niet eens gekend hadden.

'... stootte hij hem bij de worsteling boven tegen de heup, zodat die ontwricht werd. Daarop zei de man: "Laat mij gaan, want de dageraad is aangebroken."'

Dat nachtelijk wezen kan de dageraad, het licht, niet verdragen.

'Maar hij antwoordde: "Ik laat u niet gaan, wanneer gij mij niet zegent."'

Onderbewustzijn en bovenbewustzijn raken elkaar: het onderbewustzijn wordt in het verhaal uitgebeeld door het demonische karakter van het raadselachtige wezen, dat echter bij de ontknoping van het verhaal goddelijke trekken blijkt te bezitten.

'Hij vroeg: "Hoe is uw naam ?" Hij gaf ten antwoord: "Jacob."'

Jacob geeft zich dus prijs, geeft zijn bedriegersnaam, 'hielenlichter', prijs. Hij laat zien wie hij is aan dat wezen, waarbij hij iets meer vermoedt dan alleen dat donkere spook waartegen hij vecht. Er is iets meer aanwezig, namelijk ook een lichtende aanwezigheid.

'Toen zei hij: "Voortaan zult gij geen Jacob meer heten maar Israël, want gij hebt met God gestreden en met mensen en gij hebt hen overwonnen."'

Jacob krijgt dus een nieuwe naam: Israël. Hij heeft gevochten met mensen, met zijn broer Esau, en gevochten met God. Een gevecht met de medemens en een gevecht met

God gaan blijkbaar samen, zijn niet los te denken van elkaar. Zijn strijd wordt beloond met een overwinning, en die overwinning wordt uitgedrukt in een nieuwe naam: Israël.

'Nu vroeg Jacob: "Maak mij uw naam bekend." Maar hij zei: "Waarom vraagt ge naar mijn naam ?" Toen gaf hij hem ter plaatse zijn zegen. Jacob noemde die plaats Peniël, "want – zo zei hij – ik heb God gezien van aangezicht tot aangezicht, en ik ben toch in leven gebleven."'

Jacob ontvangt dus wel de zegen, maar de naam van God blijft een ondoordringbaar geheim. Wanneer je met het heilige, met het goddelijke geconfronteerd wordt, dan betekent dat zó'n diepe schok dat je eraan dood kunt gaan. Met het goddelijke geconfronteerd worden kan dodelijk zijn. Dat is een heel diep besef dat in de mensheid van heel oude tijden aanwezig is. Maar doordat Jacob zo gevochten heeft, doordat hij zichzelf heeft prijsgegeven, heeft hij de schok overleefd.
Hij heeft nu wel een ervaring van het goddelijke, want er wordt gesproken van Peniël, het gelaat van God. Maar God zelf blijft naamloos, onbenoembaar. Wel is er de straling van het nieuwe licht:

'De zon ging op, zodra hij Peniël voorbij was.'

Het tweede verhaal waarin de naam van God een rol speelt, is het verhaal van Mozes *(Ex 3, 1-2; 11-14)*. Hier gaat het niet over de relatie van mens tot mens, maar over de verontwaardiging van een man over het onrecht dat zijn volk wordt aangedaan.
Mozes uit die verontwaardiging in een uitbarsting van woede die leidt tot moord. De verontwaardiging is blijkbaar nog zo emotioneel geladen dat vernietiging het eindpunt is. Net als Jacob moet hij vluchten en komt in de woestijn terecht. Daar maakt hij een periode door van rust, verstilling, inkeer en, zoals we mogen veronderstellen, ook van

inwijding. Dat maakt hem rijp voor een nieuw gebeuren. Hij ontmoet het 'brandende braambos', het vuur dat brandt maar toch niet verbrandt !

Lezen we nu het verhaal uit Exodus:

'Mozes hoedde de kudde van zijn schoonvader Jetro, de priester van Midjan. Eens dreef hij de kudde tot ver in de woestijn en kwam hij bij de berg van God, de Horeb. Toen verscheen hem de engel van Jahwe in een vuur dat opvlamde uit een doornstruik. Mozes keek toe en zag dat de doornstruik in lichterlaaie stond en toch niet verbrandde.'

Het vuur is in de bijbel het beeld van de aanwezigheid van God, van de goddelijke energie, een energie die boven de mens uitstijgt. Vuur is ook het beeld van onze emotionele energie. Op dit moment komen in Mozes beide werkelijkheden samen.

'Maar Mozes sprak tot God: "Wie ben ik dat ik naar Farao zou gaan en dat ik de Israëlieten uit Egypte zou leiden ?"
God antwoordde hem: "Ik zal u bijstaan, en dit is het teken dat Ik het ben die u zend: als gij het volk uit Egypte hebt geleid, zult gij Mij vereren op deze berg."
Maar Mozes sprak opnieuw tot God: "Als ik nu bij de Israëlieten kom en hun zeg: de God van uw vaderen zendt mij tot u, en zij vragen: hoe is zijn naam ? Wat moet ik dan antwoorden ?" Toen sprak God tot Mozes: "Ik ben die is."'

Een sprekend symbool ! Zolang Mozes zich in zijn agressie liet gaan, brandde hij op, bleef hij uitgebrand en uitgeblust achter: zijn energie was op. Maar als zijn verontwaardiging een delen wordt in het lijden van zijn volk dat hij in zijn hart meedraagt, komt hij tot een diepte waar hij het heilige ontmoeten kan.
God verschijnt hem als een vuur, als een energie die niet meer opbrandt. God spreekt hem aan en geeft hem de

opdracht zijn volk uit diens ellende en slavernij te bevrijden. Waar haalt Mozes de kracht vandaan ? Wie is de God die tot hem spreekt ? Hoe is de naam van die God ? Het antwoord is: 'Jahwe', wat betekent: 'Ik ben er', 'Ik ben er zoals Ik er ben'.
Ik ben pure aanwezigheid voor je, maar op deze aanwezigheid kun je nooit beslag leggen, je kunt die nooit in bezit nemen. Ik ben je nabij, maar Ik overstijg je ook. Ik ben in je en ga je te boven. Deze naam maakt jou tot gezondene, tot leider van Gods volk.
De Naam houdt dus een relatie in naar de God die zich als Jahwe openbaart, én naar het volk waarvan Mozes de leider wordt.

Het lijkt goed hier nog enkele beschouwingen aan toe te voegen over het gebruik en de uitspraak van de Naam.[2]
Allereerst over het gebruik van de naam 'Jahwe'. Het is waarschijnlijk dat de naam Jahwe er een was om te worden uitgeroepen, uitgeschreeuwd ! In het uitschreeuwen van de Naam werd de aanwezigheid van Jahwe voelbaar en ervaarbaar. Wellicht gebeurde dit al door de oude nomaden van de Sinaï. Zodra ze een nieuw weidegebied betrokken, was het eerste dat ze deden een steen oprichten als altaar en dan de naam Jahwe uitroepen: 'Hij is er, Hij is er weer !' Uit *Genesis 4, 26* blijkt dat dit gebruik oeroud is en uit *Genesis 12, 8* dat het ook door Abraham werd toegepast.
Mozes heeft dit gebruik bij de nomaden van de Sinaï leren kennen. Het nieuwe dat hij bracht was de toepassing van de Naam niet op het binnentrekken van een nieuw weidegebied, maar op de uittocht uit de slavernij en, na de doortocht door de woestijn, op de intocht in het Beloofde Land. De Naam werd de grondslag van het volk van Israël als verbondsvolk.

Wat de uitspraak van het woord 'Jahwe' betreft, we weten dat die hypothetisch is. Het merkwaardige is dat, hoewel oorspronkelijk de nadruk heel erg op het uitroepen of

uitschreeuwen van de Naam gelegen moet hebben, men in de tweede eeuw vóór Christus opgehouden heeft de Naam nog uit te spreken. In plaats van Jahwe werd in de synagoge Adonai gelezen. Zodoende kon er een contaminatie ontstaan van de medeklinkers van Jahwe met de klinkers van Adonai, wat 'Jehova' opleverde.
Na de studie van bijbelse eigennamen en van oude opgegraven ostraka is men tot de conclusie gekomen dat de oorspronkelijke uitspraak eerder Jahoe of Jaho moet geweest zijn. Wellicht hebben er meerdere manieren van uitspreken naast elkaar bestaan. De bijbel heeft voor ons de nog kortere uitspraak van 'Ja' in de Hebreeuwse uitroep: 'halleluja' (hallelu = prijs; Ja = Jahwe – zie ook *Ps 118, 5*).
In de uitspraakvormen Jahoe, Jaho of Ja herkent men echte uitroepen. Als we de aanduidingen in *Exodus 33, 19* en *34, 5* goed verstaan – waar er sprake is dat Jahwe zelf zijn Naam uitroept – dan lijken die te wijzen op een soort inwijding in de naam 'Jahwe'.
Wellicht was het later een van de hoogtepunten van de cultus dat de hogepriester, misschien in een toestand van trance, de naam 'Jahwe' uitriep. Dit verklaart ook het spraakgebruik dat we in de Deuteronomische traditie vinden. Daarin wordt gezegd dat Jahwe zijn Naam legt op het huis dat voor Hem gebouwd wordt, dat Hij er zijn Naam vestigt *(1 K 8, 17-20)*.
Juist het uitroepen of het uitschreeuwen van de Naam bevestigt hoe vitaal de naam van Jahwe beleefd werd. In en door deze Naam werd men zich steeds weer bewust: Hij is er, Hij is er weer !
Het is ook opmerkelijk hoe vaak de naam van Jahwe in de Psalmen gebruikt wordt. Op allerlei wijzen komt hij daar voor: de naam van Jahwe bezingen, prijzen, verhogen, verhalen, melden, aanroepen, eren, vrezen, kennen, beminnen, zegenen; denken aan de Naam, hopen op de Naam, in de naam van Jahwe de handen heffen, juichen. Van Jahwe wordt gevraagd dat Hij ons in zijn Naam wil leiden, wil

vergeven, wil uitredden... De naam van Jahwe is gezegend, geprezen, vreeswekkend, heilig, groot, verheven, schitterend, eeuwig... maar ook nabij !
In de Psalmen kunnen we zien hoe de vromen in Israël met de Naam zijn omgegaan, hoe zij in die Naam en door die Naam heen hun godsrelatie hebben beleefd.

Nog een volgend aspect is belangrijk. De naam van Jahwe is een 'lege' Naam. 'Leeg' niet in de zin van krachteloos, want de naam van Jahwe was oersterk, vol trilling en leven, maar in die zin dat de Naam geen enkele projectie toeliet.
De antieke volkeren hadden heel sterk de neiging hun eigen gevoelens, wensen, verlangens, belevingen op de godheid te projecteren en gestalten te scheppen die aan hun eigen behoeften en noden beantwoordden. Vandaar dat het beeld het middel bij uitstek was om met de godheid te communiceren. In Israël waren godenbeelden verboden, had men alleen de Naam, een 'lege' Naam om uit te roepen en aan te roepen, een Naam waarin alleen gezegd werd: 'Hij is er, Hij is er weer, heel nabij en toch tegelijk alles overstijgend, heilig.'
Deze ervaring van Israël met zijn God is fundamenteel. De lege Godsnaam is een voorbereiding om de Naam opnieuw in te vullen, en wel met het woord 'Vader', een naam die zo beladen is, omdat hij alle projecties en trauma's insluit die een mens naar zijn eigen menselijke vader hebben kan, maar die ook de naam van God heel dichtbij brengt in een alles overtreffende vertrouwelijkheid.

God, wij mogen U noemen bij uw Naam !
Door het noemen van namen worden wij ons bewust
van de dingen om ons heen,
bewust van onze medemensen.
God, schenk ons ook de naam
waarin wij bewust worden van wie wijzelf zijn.
Maar openbaar ons ook uw Naam
waarin wij mogen ontdekken

wie Gij wilt zijn voor ons
en hoe wij mogen omgaan met U.
God, in uw Naam wilt Gij voor ons aanwezig zijn
als een licht dat ons leidt,
zorgend en liefdevol om ons heen.
In een murmelend gedenken roepen wij uw Naam aan
om ons aanbiddend bewust te worden
van wie Gij in uw liefde voor ons wilt zijn.

De Vader

'Onze Vader': zo wordt God aangesproken. Dit is de Naam die God krijgt, die Jezus ons aan God leert geven. Uit het Evangelie blijkt dat Jezus de God van Israël beleefde als zijn Vader in een heel bijzondere zin van het woord. Het geliefkoosde woord daarvoor is voor ons in het Aramees, de spreektaal van Jezus, bewaard gebleven: 'Abba', 'Vader', eigenlijk een koosnaam, zoveel als 'Papa'.
Op de eerste christenen moet dit woord zoveel indruk gemaakt hebben dat zij het voor ons in het Aramees bewaard hebben. We vinden het in Jezus' mond in de Hof van Olijven *(Mc 14, 36)*, en Paulus vermeldt het tweemaal, namelijk wanneer hij spreekt over het gebed van de christenen en over de werking van Gods Geest in het hart van de biddende. Het is Gods Geest zelf die in ons eindeloos herhaalt: 'Abba, Vader' *(Rom 8, 15; Gal 4, 6)*.
Het woord 'Vader' komt in de Evangeliën heel veel voor, vooral in uitspraken van Jezus zelf. Het hele evangelie van Johannes draait eigenlijk om de relatie van Jezus, de Zoon, met de Vader.
Voordat we ons hierop gaan bezinnen, dringen zich enkele vragen op.
Een eerste vraag komt uit het feministische denken: waarom ontvangt God een eenzijdig mannelijke Naam ? Wat betekent dit naar de vrouwelijke sekse toe ? Een bevredigend antwoord is op deze vraag niet te geven. Er zijn alleen enkele opmerkingen te maken.
Allereerst dit: God heeft ook moederlijke eigenschappen, bijvoorbeeld 'God is mijn toevlucht': een eigenschap waarin vooral geborgenheid en veiligheid worden uitgedrukt. Aan God worden ook moederlijke karaktertrekken toegeschreven, bijvoorbeeld het woord bij Jesaja: 'Al zou een moeder haar kind verlaten, Ik, Ik verlaat u nooit' *(Js 49, 15)*. En als

beeld van oervertrouwen in een ongeschonden eenheid leert *Psalm 131* ons bidden: 'Als een kind bij zijn moeder geborgen, als dat kind zo voel ik mijn ziel.'
Vervolgens moeten we bedenken dat, als van God gezegd wordt dat Hij 'Vader' is, dit woord een heel andere lading krijgt dan waarmee wij mensen het plegen te gebruiken. Dit geldt trouwens voor iedere naam die aan God gegeven wordt of voor iedere eigenschap die aan God wordt toegekend. Er is natuurlijk een overeenkomst met wat wij menselijkerwijze kennen, anders zou dat woordgebruik geen zin hebben. Maar tegelijk krijgt zo'n woord of zo'n naam een heel andere invulling, omdat het over God gaat die alles en allen overstijgt.
In de bijbel wordt God nooit moeder genoemd. Betekent dit dat wij het ook niet mogen doen ? We zullen pas meer duidelijkheid hierover krijgen aan het eind van deze bezinning op de naam 'Vader'.
Een tweede vraag is deze: is het woord 'vader' niet een heel moeilijk woord ? Moeilijk in die zin dat het woord heel beladen kan zijn. Heel veel mensen hebben tijdens de opvoeding door hun vader (of door degenen die diens plaats innamen) of in de relatie met hun vader wel trauma's opgelopen, min of meer diepe verwondingen die het vaderbeeld een negatieve kleur of lading geven.
Wanneer dus de naam 'Vader' voor God gebruikt wordt, gaan deze negatieve gevoelens mede een rol spelen. Dit stelt aan de mens een bijzondere eis: in het reine komen met al het negatieve dat hij in de relatie met zijn vader heeft opgelopen. Terwijl de naam 'Jahwe' een *lege* Naam was – zoals we zagen, een Naam die geen enkele projectie toeliet – is de naam 'Vader' een zeer beladen en dus duidelijk een heel moeilijke naam.
We mogen echter niet eenzijdig het moeilijke benadrukken: het woord 'Vader' beantwoordt ook aan een hunker van het menselijk hart, namelijk een schone, edele relatie op te bouwen met degene die aan de oorsprong staat van ons menselijk bestaan.

Iedere mens draagt zo'n verwachtingsbeeld in zich. Misschien is het voor hem mogelijk zo'n groeiproces door te maken waardoor hij God als de vervuller van deze verwachting kan gaan beleven.
Het lijkt goed nu stil te staan bij de gezinssituatie waarin een kind ter wereld komt en opgroeit, en daarbij de eigen rol van de moeder en van de vader in ogenschouw te nemen. We moeten meteen zeggen dat onze opvattingen hierover, zeker in kerkelijke kringen, een heel sterk stempel hebben meegekregen van de grote en oorspronkelijk denkende psychiater Sigmund Freud die, hoewel hij atheïst was, toch als jood een sterke invloed van het bijbelse denken in zich meedroeg.
Het kind dat geboren wordt, heeft nog geen ik-bewustzijn, het is louter 'libido', drift, verlangen om bevredigd te worden in al zijn behoeften aan veiligheid, tederheid, warmte, voedsel en zorg. De moeder is degene die allereerst is aangewezen deze behoeften van het kind te vervullen. Zij geeft het kind de geborgenheid en veiligheid, de streling en liefkozing, de koestering en zorg die het nodig heeft. Het kind voelt zich in de eerste fase nog helemaal één met de moeder. Pas langzaam ontwikkelt zich in het kind een eigen persoonlijkheid, een eigen manier om zijn zin te krijgen, zijn eigen willetje door te drijven, zijn eigen manier om zijn wereldje te verkennen.
Op een bepaald moment gebeurt de onvermijdelijke botsing van het kleine kind met de ouders. De ouders kunnen alles wat het kind uitprobeert niet goedvinden. Als het overal aanzit, alles ondersteboven haalt in een poging vertrouwd te raken met wat het omgeeft, wordt het algauw op de vingers getikt en krijgt het te horen: 'Afblijven !'
Afblijven: dit is de formulering van het verbod ! Zo moet het kind ingepast worden in de organisatie van het gezin, in de opvattingen van de ouders. Afblijven ! Dit woord krijgt een dramatische betekenis in wat Freud de 'oedipale situatie' heeft genoemd. Er komt een moment waarop de jongen ontdekt dat zijn moeder niet meer de totaliteit van warmte

en tederheid is, zoals hij haar eerst beleefd had, maar een individuele vrouw. Op dat ogenblik ontstaat er, volgens Freud, in de jongen een seksueel begeren naar zijn moeder. (Freud verwijst daarbij naar de mythe van Oedipus, die zonder het te weten met zijn moeder Jokaste trouwde.) Het is dan de vader die met alle kracht het verbod uitspreekt: 'Afblijven, het is mijn vrouw !' Komt men dit verbod niet na, dan raakt de mens verblind in zijn 'libido'. (Zo stak ook, volgens de oude mythe, Oedipus zich de ogen uit, toen hij ontdekte dat hij met zijn moeder getrouwd was.) Als illustratie daarvan zou je kunnen verwijzen naar de mens die verslaafd is aan drugs of alcohol. Als het woord van de vader echter krachtig genoeg is, blijft er voor de jongen niets anders over dan zich op de vader te richten, hem na te volgen, hem als een soort ideaalfiguur te gaan zien.

Dit is uiteraard een uiterst beknopte weergave van de visie van Freud op dit gebeuren van de gezinssituatie waarin het kind opgroeit, maar ze is nodig om de rol van de vader te begrijpen. Hij is het die de scheiding aanbrengt, namelijk de scheiding tussen het kind en zijn moeder; hij is het die aan het kind zijn individualiteit, zijn 'ik' geeft. Hij daagt zijn zoon uit tot confrontatie, tot gevecht, geeft hem de ruggegraat die hij nodig heeft om zich te handhaven in het maatschappelijk leven en zijn taak op zich te kunnen nemen.

Het is duidelijk dat dit een gebeuren is dat heel indringend is en in het kind een grote angst kan oproepen, vooral wanneer de moederlijke warmte en genegenheid maar heel flauw aanwezig zijn geweest of totaal ontbroken hebben. Alleen als de moeder voluit moeder is geweest, kan de vader de scheiding voltrekken, anders groeit het kind uit tot een angstig en onzeker mens.

Bij deze beschrijving werd Freud, hoewel hij atheïst was, ongetwijfeld bepaald door zijn joodse en bijbelse achtergrond. Freud dacht patriarchaal. Men kan zich afvragen of hij in staat is geweest vanuit dit model de ontwikkelingsgang van het meisje bevredigend te beschrijven, en ook of

hij de rol van de moeder niet reduceert tot het louter koesterend en verzorgend omgaan met het kind.
Maar het belang van deze beschrijving van de vaderrol ligt in het feit dat we zien dat in de bijbel deze rol wordt gespeeld door de 'wet'. De wet zegt ons, volgens Paulus: 'Gij zult niet begeren' *(Rom 7, 7)*, dit is zoveel als het 'afblijven' dat de ouder zijn kind toeroept. Paulus personifieert de wet niet in de vader maar in de opvoeder *(Gal 4, 2)*. En hij ziet als functie van de wet: 'ons de zonde leren kennen' *(Rom 7, 7)*, dat wil zeggen: de scheiding tot stand brengen, ons terugwerpen op ons ik dat zich zijn verantwoordelijkheid bewust wordt.
In de concrete situatie van het gezin is het vaak niet duidelijk wie de rollen speelt, zoals Freud ze getypeerd heeft. Zeker sinds de jaren zestig is er een heel andere ontwikkeling aan de gang; daarin worden de vaderlijke trekken van het opvoedingspatroon afgezwakt en de moederlijke versterkt. De huidige jeugd groeit op in een klimaat waarin het voelen veel belangrijker is dan de wilskracht. Dit betekent winst, maar houdt ook gevaren in. Bestond vroeger het gevaar van de wilskrachtige of angstig verkrampte mens, in het huidig klimaat vindt men veeleer het type van de mens zonder zelfvertrouwen, zonder identiteitsbesef, de mens die zich niet durft te engageren en moeilijk trouw kan blijven aan eens genomen beslissingen.
We zijn even blijven stilstaan bij het vader- en moederbeeld dat wij vanuit onze cultuur en vanuit onze opvoeding hebben meegekregen. Bedenken wij daarbij bovendien dat in de geschiedenis van ieder mensenleven de accenten weer heel anders liggen, en de opgelopen verwondingen waar men mee klaar moet komen, heel persoonlijk zijn. Het opvallende is nu dat als we teruggaan naar de Evangeliën en zien hoe Jezus het beeld schildert van zijn Vader, we iets totaal anders ontdekken.
Vooral in de beroemde parabel van de 'verloren zoon' die eigenlijk beter de parabel van de 'barmhartige vader' kan heten, schildert Jezus ons het beeld van de Vader zoals Hij ons dat wil meegeven *(Lc 15, 11-32)*. De parabel begint met

de opvoedingssituatie. Een vader had twee zonen. Wat doet de jongste zoon ? Hij onttrekt zich aan het vaderlijk gebod, gaat er met zijn erfdeel vandoor en verbrast zijn geld in een losbandig leven. Hij verdoet zijn leven en is blind voor de echte opdracht die hij heeft, een opdracht die zijn oudste broer wél volbrengt.
Wellicht zagen de eerste christenen in de jongste zoon de heidenvolken die zich niets van God hadden aangetrokken, terwijl ze in de oudste zoon het joodse volk herkenden dat het erfgoed van de wet trouw bewaard en onderhouden had. Op een bepaald moment komt de jongste zoon vanuit zijn verblinding tot inkeer en gaat terug naar zijn vader. Wat is nu de reactie van de vader ? Scheldt hij zijn zoon uit ? Zegt hij: 'Zie je wel, ik heb altijd wel gezegd dat er van jou niets terecht zou komen' ? Neen, de vader zoals Jezus die schildert, is blij dat de verloren zoon weer terug is, vergeeft hem alles en maakt van zijn terugkeer een groot feest. Tot ergernis van de oudste zoon, die er niets van begrijpt en nu degene blijkt te zijn die blind is voor wat de vader in diepste wezen is.
Hier is de vader niet degene die de scheiding aanbrengt, maar degene die de totaliteit herstelt. Beide woorden zijn belangrijk: *totaliteit*, volheid van Gods leven waartoe we geroepen zijn, waaruit we weggevallen waren, én *herstel*. Zonder scheiding zouden we immers de totaliteit niet kunnen ervaren zoals dat nu wel gebeurt: de totaliteit als louter gave, als genade die ons redt uit onze afgrond en verloren-zijn. Het 'afgescheiden ik' en het 'diepste zelf' vallen nu samen.
Voor de Farizeeën waren de zondaars, met name de tollenaars en slechte vrouwen, de uitgestotenen. Daar laat je je niet mee in. Wie met pek omgaat, wordt ermee besmet.
Een van de grootste zorgen in de opvoeding door de ouders is te beletten dat de kinderen in slecht gezelschap verzeild raken. In de Wijsheidsboeken van Israël werd steeds weer benadrukt: 'Ga niet om met dwazen en slechtaards' *(Spr 1, 10-19)*. We vinden het terug in de Psalmen waar de zui-

veringseed van de vrome voordat hij de tempel mocht betreden, inhield: 'Ga niet om met de bozen' *(Ps 26, 4-5)*. De scheiding die in de opvoeding plaatsheeft, vindt men weer terug in de maatschappij: de scheidingslijn tussen goeden en slechten.

Jezus ontkent niet de wijsheid van dit opvoedingsbeginsel, maar Hij gaat een stapje verder. De totaliteit moet weer hersteld worden, zowel in het persoonlijke leven waarin ik moet leren mijn zondig verleden te aanvaarden en vanuit de genade te leven, als in het omgaan met de medemens. De zwakke zondige mens die ik verstoot, weerspiegelt de zondigheid die ik in mijzelf niet graag erken. In de vergeving die ikzelf als zondaar ontvang, maar ook die ik aan de zondaar buiten mij doorgeef, kan de oorspronkelijke totaliteit weer worden hersteld.

Daarom zegt Jezus: 'Ik ben niet gekomen om rechtvaardigen te roepen, maar zondaars' *(Mt 9, 13)*. Dit betekent niet: vooruit, laten wij maar grootmoedig zijn en de zondaars erbij nemen. Neen, dit is een totale ommekeer van de verhoudingen. Van de rechtvaardigen wordt gevraagd dat ze hun zondigheid ontdekken om door Jezus geroepen te kunnen worden.

De Vader is dus in het Evangelie de bron van onuitputtelijke goedheid. Een bron waaruit eindeloze zelfgave ontspringt. Toch is het mogelijk in het Evangelie nog andere aspecten te ontdekken van Gods vaderschap.

Zo wordt er gezegd dat de Vader 'ziet' *(Mt 6, 4.6.18)*. Een zien dat anders is dan het zien van de mensen, omdat het in het verborgene gebeurt. Een zien dat ook niet onverschillig of zonder uitwerking is. Het is een zien dat beloont. Dat geldt in beide gevallen: zowel het zien van de mensen als dat van God beloont.

Wat veronderstelt dit woord van Jezus ? We worden weer terugverwezen naar de opvoedingssituatie. Het gaat niet alleen om de scheiding met de moeder, om het loskomen van de begeerte (de 'libido'), om de keuze voor eigen verantwoordelijkheid, de keuze dus voor het goede, het gaat

evenzeer om het zelfbeeld dat daarbij ontstaat. Als de mens het bijzondere vermogen heeft keuzes te maken, dan wordt daarbij ook het vermogen verondersteld zichzelf te zien.
De opvoeding heeft mede als doel de mens een zicht te geven op zichzelf, hem bewust te maken van zichzelf. In de opvoeding krijgt het kind beelden mee waarin het zichzelf leert herkennen, beelden waarin tegelijk iets ligt van eergevoel en van bestemming van zijn leven. Zijn familienaam, zijn nationale identiteit, zijn godsdienst, worden gebruikt om hem te doen beseffen wie hij is, hem te laten voelen hoe hij gezien wordt. Zijn blik op zichzelf is tegelijkertijd de blik van zijn ouders, van zijn omgeving. In heel het proces van keuzes leren maken, speelt tegelijkertijd de groei van het zelfbeeld, de eerste aanzet tot identiteitsbesef.
Maar zoals het kind sociaal bepaald is in het leren maken van zijn keuzes, dat wil zeggen: bepaald door zijn opvoeders, zo is hij dat ook in zijn zelfbeeld. De opvoeder, de moeder, de vader, kijkt toe. Daarna is het een bredere omgeving die toekijkt en die in dit kijken tevens lof en beloning toekent: 'Jij bent een goede, jij bent een ideale, jij bent een fantastisch iemand.' Dit brengt met zich dat er in het zelfbeeld van het kind een zekere gespletenheid ontstaat.
Ik zie mijzelf door de ander heen. Ik raak gericht op de goedkeuring en beloning van de ander. Ik ga mijn handelen motiveren door wat de ander ervan zegt. De lof die ik van de ander, van mijn omgeving ontvang, is de hoogste beloning die ik mijzelf in het vooruitzicht stel. Dit heeft een goede kant: ik word bevrijd van een narcistisch teruggebogen-zijn op mijzelf, van een soort verliefdheid op mijzelf die iedere psychische groei belemmert. Ik word gescheiden, losgemaakt van mijzelf.
Maar ook deze fase is voorlopig. Vast blijven zitten aan het zelfbeeld dat ik langs de ander ontvang, zou uiteindelijk toch vervreemdend werken, zou mij in een gespletenheid laten waarin ik mijn diepste zelf niet kan vinden.
Hier grijpt Jezus in. Hij wijdt ons in, in een diepere werkelijkheid, in een groot geheim. Er is een verborgenheid, zegt

Jezus, waar niemand bij kan, een verborgenheid in je hart, in je diepste wezen waar alleen de Vader ziet, waar je je alleen door de Vader gekend weet, waar je alleen zijn beloning mag ontvangen.
Zo is de Vader niet alleen de bron van onuitputtelijke goedheid, maar ook Degene die ons opnieuw thuisbrengt in ons diepste zelf, de bron van onze ware identiteit. Hij bevrijdt ons van een innerlijke gespletenheid waarin ons zelfbeeld wordt bepaald door onze omgeving. De lof van de medemens kan een grote voldoening zijn. De vreugde die het geeft zich totaal gekend te weten door de Vader is oneindig veel groter. In ons diepste zelfbesef zijn we niet eenzaam meer.
Er zijn nog meer woorden in het Evangelie waarbij Jezus de naam 'Vader' gebruikt. Het valt op dat Hij daarbij altijd iets aanduidt van het uiteindelijke waartoe we bestemd zijn, iets dat ons na alle scheidingen waar we in dit menselijk bestaan doorheen zijn gegaan, opnieuw één maakt.
Laten we nog een voorbeeld geven: de Vader draagt zorg voor ons *(Mt 6, 25-34)*. 'Zorg' is een menselijke gesteltenis waarin de mens het antwoord tracht te geven op de vele dreigingen die hem in zijn bestaan verontrusten, of die degenen verontrusten met wie hij liefdevol verbonden is. Het is een gesteltenis die gekenmerkt wordt door een mengeling van verantwoordelijkheid en angst. In zijn besef van verantwoordelijkheid wordt de mens volwassen, wordt hij een 'ik'. Doch de risico's van het bestaan die hij niet kan overzien, doortrekken dit verantwoordelijkheidsgevoel met angst. Op sommige momenten gebeurt dit met zo'n kracht dat hij het niet langer dragen kan, dat zijn ik het begeeft. Dat is het moment waarop, na de fase van verantwoordelijkheid, de fase van overgave komt. Jezus verwijst dan naar de oerkracht die leven schenkend aanwezig is in alle verschijnselen van de natuur: alles geeft Hij het aanzijn, alles houdt Hij in het bestaan. Jezus noemt deze oerkracht 'Vader'.
Wat de vader doet in het gezin naar het kind toe, wordt aldus

op een nieuwe wijze ontdekt: in al mijn zorgen weet ik nu dat er voor mij gezorgd wordt. De afgescheidenheid van het ik waarin ik mijn eigen verantwoordelijkheid droeg, komt nu tot een nieuwe eenheid die het ik niet ontkent, maar optilt. De Vader vertegenwoordigt in het Evangelie de uiteindelijke heelheid die ons menselijk bestaan bekroont. Het is niet voor niets dat Jezus in de Bergrede het woord 'volmaakt' gebruikt: 'Wees volmaakt, zoals uw hemelse Vader volmaakt is' *(Mt 5, 48)*. Het gaat hier niet om een ethische volmaaktheid, maar om de herstelde volheid. Want deze uitspraak besluit Jezus' woorden over de liefde tot de vijand waarin de Vader het oerbeeld is. Als Hij het laat regenen of de zon laat schijnen, sluit Hij de bozen of de onrechtvaardigen niet uit *(Mt 5, 45)*. Voor allen is Hij bron van leven.

In het evangelie van Lucas staat: 'Wees barmhartig, zoals uw Vader barmhartig is' *(Lc 6, 36)*. De barmhartigheid herstelt de volheid en is daarom volmaaktheid. Dat geeft precies weer wat de Vader in Jezus' ogen is.

Paulus, de theoloog, benadrukt dat de zonde (dat wil zeggen: de scheiding) eerst tot overvloed moest komen om de mateloze volheid van de genade tot uitdrukking te brengen *(Rom 5, 20)*. Vandaar dat de Farizeeër die zich beroemt op zijn gerechtigheid, van God gescheiden blijft, maar dat de tollenaar die in zijn kreet om genade open komt voor God, de volheid van Gods vrijspraak mag ontvangen *(Lc 18, 8-14)*.

Aan de verdediging van Gods vaderlijke zondenvergiffenis tegenover de eigengerechtigheid van de Farizeeën heeft Jezus heel wat parabels besteed. Steeds wisselen daarbij elkaar twee motieven af. Enerzijds bezit de zondaar een ontvankelijkheid die de rechtvaardige niet heeft: in zijn afgescheidenheid heeft hij een afgrond bereikt die hem opengebroken heeft voor de volheid van God. Anderzijds is daar de vreugde van God om zijn volheid mee te delen. In de godsrelatie die hierdoor ontstaat, reikt Jezus ons de naam 'Vader' aan. Deze beantwoordt aan de ene kant aan de

oerhunker van het menselijk hart, en wordt tegelijkertijd met een heel nieuwe inhoud geladen.
Ligt in deze Naam een patriarchale discriminatie van de vrouw ? Is de rolverdeling in het gezin van moeder en vader een achterhaald gegeven ? Is het juist, de rol van de vader te zien in het aanbrengen van de scheiding, en daarom die van de hemelse Vader in het herstellen van de scheiding tot volheid ? Of was de naam 'hemelse Moeder' beter geweest, omdat in het gezin de moeder degene is die de rol heeft de totaliteit van gevoelswarmte te bevorderen, die door God tenslotte als totaliteit van genade zal worden bewerkstelligd ? Een genade die de diepste kern van het menselijk hart raakt, maar ook in een overvloed van gevoel beleefd kan worden. Of komt het erop aan, beide in ons bestaan te onderkennen, namelijk de ongebroken eenheid in het vertrouwen: 'zoals het kind aan de borst van de moeder' *(Ps 131, 2)*, de ongebroken eenheid van onze oorsprong: 'Gij die mij weefde in de schoot mijner moeder' *(Ps 139, 13)*, én het besef van Gods genade en vergeving, die ons door de afgrond van onze gescheidenheid heen toch omvat en tot nieuw leven wekt (vgl. *Ps 131*) ?

God, Abba, Vader, zo heeft Jezus uw Zoon U genoemd.
God, Vader-Moeder,
oorsprong in liefde, bestemming tot diepste eenwording.
Mogen wij in tedere aandacht en in eerbiedige schroom
eindeloos het woord herhalen dat een koosnaam is:
Abba, Vader, Papa,
de Naam die vanaf onze kindertijd is ingeschreven in ons hart,
de Naam die ons nu uitnodigt tot een bewuste overgave,
waarin wij vanuit onze afgescheidenheid door schuld,
vanuit onze verscheurdheid door zorgen,
één worden met U.
Door die Naam worden wij opgetild boven onszelf uit,
maar dalen wij ook af naar onze diepste wortels,
naar de dragende grond van ons bestaan,
die Gij, Vader-Moeder, voor ons wilt zijn.

Gods heiligheid

Jezus vraagt, Hij bidt om de heiliging van de naam van de Vader.
In de voorafgaande hoofdstukken zagen we dat Jezus aan God de naam 'Vader' geeft. In die Naam drukt Hij zijn beleving uit van God die Hij als heel nabij en veilig ervaart, een beleving van volheid en vertrouwen. Jezus geeft deze Naam aan ons door, maar Hij leert ons ook er op een heel bijzondere wijze mee om te gaan. Dat komt tot uitdrukking in deze bede. Hij bidt om heiliging van die Naam.
Wat is daar precies mee bedoeld ?
Het woord 'heilig' is niet zo gemakkelijk te omschrijven, het is een oerwoord dat je niet kunt terugbrengen tot andere woorden of categorieën. Kennis betekent dat je een bepaald begrip 'inordent' in een groter geheel, het in een totaliteit een plaats geeft. Door het verband te zien met de totaliteit en de eigen plaats binnen die totaliteit, leer je iets kennen. Bijvoorbeeld: een paard is een zoogdier en een zoogdier is een gewerveld dier enzovoort.
Dat is met het woord 'heilig' echter niet mogelijk. Dit woord is een oerwoord, een heel fundamenteel woord. We zullen toch proberen iets te verstaan van wat het woord 'heilig' inhoudt, omdat dit woord in het 'Onze Vader' voorkomt en dus blijkbaar voor Jezus van groot belang is.
Terwijl het woord 'vader' afgeleid is uit de familiesituatie en het woord 'koning' – daar zullen we het nog over hebben – uit de situatie van een volk, vanuit het leiderschap over een volk, is het woord 'heilig' een woord dat direct op God zelf teruggaat. Dat maakt het ook des te moeilijker om enigszins te kunnen vatten wat er nu precies mee bedoeld is.
Het woord 'heilig' is langs twee kanten benaderbaar. Het is benaderbaar langs de kant van afscheiding (de etymologie van het Hebreeuwse woord duidt ook op die betekenis) en

langs de kant van heelheid (waar juist de Nederlandse etymologie op duidt). God is de Heilige en daardoor afgescheiden, of beter: wij zijn afgescheiden van God. Maar we zijn geroepen tot heiligheid, tot de oorspronkelijke heelheid, in verbondenheid met God.

Ik heb het al gehad over het woord 'scheiding' in verband met de vader die scheiding aanbrengt. 'Scheiding' is een heel belangrijk woord. Er is sprake van scheiding: het profane leven behoort (nog) niet bij God, het participeert niet in de heiligheid van God. Dit is de betekenis volgens de Hebreeuwse etymologie.

Het Hebreeuwse woord 'kadosj' begint met een emfatische 'k' die alleen de Semieten kunnen uitspreken; het is een heel zware 'k'. Dan volgt een zachte 'd' en ten slotte een sisklank 'sj': 'Kadosj'. Het is als het ware een golfslag die begint met geweld, met een soort explosie, en die daarna zachtjes uitvloeit.[3] Een prachtig beeld wanneer je denkt aan het visioen van Jesaja, van de serafs die 'Heilig, heilig, heilig' zingen *(Js 6,3)*. Eerst een geweldige knal waarna het zachtjes uitstroomt.

Het Nederlandse woord 'heilig' heeft, naar zijn etymologie, zijn grondbetekenis, iets te maken met heil en met heelheid, in die zin dat het om een alomvattendheid, een totaliteit gaat.

Het is heel interessant dat je in de twee talen twee totaal verschillende etymologieën aantreft die elkaar op een of andere manier toch aanvullen.

Waarom scheiding ? Deze is nodig, wil het meest eigene van God niet zomaar verloren gaan. Het eigene van God wil zich wel meedelen, maar alleen dan als de mens voldoende is voorbereid.

De Duitse godsdiensthistoricus, Rudolf Otto, spreekt in zijn boek *Das Heilige*[4] van 'tremendum et fascinosum'. Deze twee liggen ongeveer op dezelfde lijn: het afschrikwekkende en het boeiende, fascinerende.

Het is heel treffend wanneer je in het boek Exodus *(Ex 19-20)* het verhaal leest van de verschijning van God op de berg Sinaï. Je ziet daar twee bewegingen. Het wordt heel pakkend beschreven: de theofanie wordt aangekondigd met de opdracht voor Mozes het volk te heiligen. Het volk moet zich voorbereiden op de theofanie, op de verschijning van God. Maar die voorbereiding houdt tevens in dat er afstand is. Er wordt een terrein afgebakend: het volk moet op afstand worden gehouden en op een bepaalde plaats blijven staan. Mozes heeft daarbij de grootste moeite. Het volk is zo gefascineerd dat het de berg wil opstormen, want het wil in contact komen met de heiligheid van God. Dan zegt God tot Mozes: dat kán niet, dat kost hun het leven. Ze zouden sterven als ze zomaar, onvoorbereid, de heiligheid van God tegemoet snellen.

Theofanie heeft dus iets fascinerends voor de mens, maar tegelijkertijd iets afschrikwekkends: ze kan je het leven kosten.

Achteraf, wanneer God dan werkelijk verschijnt, staat in Exodus dat het volk doodsbenauwd is. Ze zeggen tot Mozes: praat jij het maar uit met God, want wij kunnen het niet aan. Ze zijn bang en blijven vrijwillig op afstand *(Ex 20, 18-21)*.

'Tremendum et fascinosum': allebei die bewegingen zijn in ons aanwezig. Alles wat heilig is, is geweldig boeiend, heeft een enorme aantrekkingskracht die iedere mens op een of andere wijze voelt. Maar van de andere kant heeft het ook iets van een druk, een last in zich die bijna onverdraaglijk is. Wij mensen bewegen ons tussen die twee spanningsgegevens: het heilige is boeiend, aantrekkelijk, en tegelijkertijd zijn wij er bang voor.

Wanneer we nagaan hoe in de bijbel het volk van God wordt voorbereid om toch op een of andere wijze te delen in Gods heiligheid, dan zien we dit langs twee wegen gebeuren.

Het gebeurt allereerst door de cultus. De theofanie, de godsverschijning, is eigenlijk een soort oermodel voor de cultus. Het is karakteristiek voor Jahwe, de God van Israël, dat de natuurfenomenen waarin Hij verschijnt, ook afschrikwekkende fenomenen zijn. Een theofanie gaat gepaard met donder en bliksem. De bliksem is iets prachtigs,

fascinerends om te zien: de hemel wordt helemaal verlicht door de bliksem. Toch zijn heel veel mensen bang voor het onweer en terecht, want je kunt ook doodgebliksemd worden.
Het natuurfenomeen van donder en bliksem is iets heel anders dan de natuurfenomenen die de Israëlieten aantroffen toen ze het land van Kanaän introkken. De Kanaänieten vereerden daar natuurgodheden onder het aspect van vruchtbaarheid. Vruchtbaarheid is een vorm van nabijheid: het goddelijke versmelt als het ware met het menselijke. De godsdienst van Israël daarentegen is een godsdienst van scheiding. Eerst moet er een scheiding zijn, moet duidelijk zijn dat God de totaal Andere is. Niet zozeer in ons denken als wel in de dynamische realiteit van het beleven. Pas dan kan God zich meedelen.
De theofanie op de Sinaï wordt als het ware voortgezet in de tempel, met name in het ritueel van de Grote Verzoendag dat uiteindelijk, op het einde van Israëls geschiedenis, het meest omvattende, het belangrijkste feest was *(Lv 16; Nu 29, 7-11; Heb 9, 6-14)*.
In het begin werd dat feest nauwelijks genoemd; het paasfeest was toen het belangrijkste feest, het familiefeest ook. Het pinksterfeest en het Loofhuttenfeest waren ook heel belangrijk *(Lv 23)*, maar later wordt de Grote Verzoendag, Yom Kippoer, de feestdag bij uitstek.
Wat gebeurde er op dat feest ? De hogepriester trad het allerheiligste binnen. Het hangt dus ook samen met de structuur van de tempel. Hoe zag die tempel eruit ? Een voorhof waar iedereen mocht komen, vervolgens het heilige waar het volk werd toegelaten, en ten slotte het allerheiligste waar niemand binnen mocht. Alleen de hogepriester mocht eens per jaar achter het voorhangsel naar binnen gaan.
We zien hier dus duidelijk de scheiding uitgebeeld: de hogepriester mag eens per jaar binnen. Maar dit moet dan gebeuren met een wierookvat in de hand. De wierookwolk die dan ontstaat, symboliseert de wolkkolom, een heel belangrijk gegeven in de hele geschiedenis van God met zijn

volk, dat verwijst naar de wolk op de Sinaï. De vonken spatten eruit: de bliksem. De bazuin wordt geblazen: de donder. Het natuurgebeuren van donder en bliksem werd als het ware cultisch uitgebeeld.
Natuurgebeuren en cultus waren heel nauw op elkaar betrokken. Daarom mocht de hogepriester alleen met het wierookvat, en bovendien vergezeld van een offer, het allerheiligste binnentreden. Het was een uitbeelding van de heiligheid van God. Cultus is een manier om iets van de heiligheid van God te beleven, als het ware te worden opgevoed in het besef van de heiligheid van God.
Maar niet alleen de cultus, ook de moraal speelde een heel belangrijke rol. Als bijvoorbeeld Amnon, een zoon van David, Tamar, de zus van Davids andere zoon Absalom, wil verkrachten, zegt ze: 'Zoiets doet men in Israël niet' *(2 S 13, 12)*. Israël is dus – ondanks zijn falen, ondanks al zijn tekorten door de eeuwen heen – toch getekend geweest door een moreel appel, door een heel sterk moreel besef. Denk maar aan de heiligheidswetten *(Lv 19)*: 'Wees heilig want Ik, Jahwe uw God, ben heilig.' In dit hoofdstuk van Leviticus wordt de morele kant van het leven beschreven op het gebied van seksualiteit of van onderlinge relaties. Die morele kwaliteit van het leven wordt heel sterk benadrukt om tot uitdrukking te brengen dat God heilig is. God heeft Israël uitverkoren tot zijn heilige bezit.

Ook *Exodus 19* is in dit verband heel treffend:

'Als gij aan mijn woord gehoorzaamt en mijn verbond onderhoudt, dan zult ge – hoewel de hele aarde Mij toebehoort – van alle volkeren op bijzondere wijze mijn eigendom zijn' *(Ex 19, 5)*.

Gij zult Mij dus toegewijd zijn, zegt God. In het woord 'heilig' is ook de gedachte 'toegewijd' vervat. Toegewijd wil zeggen: mijn eigendom.

'Gij zult mijn priesterlijk koninkrijk en mijn heilig volk zijn' *(Ex 19, 6)*.

'Heilig' heeft hier dus de zin van toegewijd-zijn, van toebehoren aan God. Dit wordt waargemaakt door de cultus, door trouw aan het verbond, aan datgene wat God van zijn volk vraagt.

We nemen nu *Leviticus*:

'Jahwe sprak tot Mozes: zeg tot heel de gemeenschap van de Israëlieten: wees heilig, want Ik, Jahwe uw God, ben heilig. Ieder van u moet eerbied hebben voor zijn moeder en vader. De sabbatdagen die Ik heb voorgeschreven, moet gij onderhouden. Ik ben Jahwe uw God' *(Lv 19, 1-3)*.

En zo gaat deze tekst door: Ik ben Jahwe uw God. Ik ben de Heilige.

Toch wordt met cultus en moraal de heiligheid van God niet uitgeput. Er zijn andere aspecten van heiligheid, die tot uitdrukking komen wanneer het volk van Israël faalt zich op God te richten en eigenlijk – zo zouden we kunnen veronderstellen – de vernietigende kracht van Gods heiligheid zou moeten ondergaan. Dit laatste gebeurt inderdaad: Jeruzalem wordt verwoest, het volk moet in ballingschap gaan. Gods toorn breekt los omdat het volk niet trouw is geweest aan zijn opdracht tot heiligheid.
Maar wat is de *uiteindelijke* reactie van God daarop ? Betekent dit dat de band tussen God en zijn volk wordt verbroken ? De bijbel geeft hierop twee antwoorden. Een ervan vinden we in een verhaal uit de woestijn. De woestijn is de plaats waar de opstand tegen God het sterkst tot uitdrukking komt: het volk mort. En Mozes zucht: wat moet je nu met zo'n volk ? Als ze immers geen vertrouwen hebben, geen geloof in de leiding van God, wat moet je dan met zo'n volk ?

‘En Jahwe sprak tot Mozes:... gij moet in het bijzijn van de gemeenschap de rots gebieden water te geven; dan zult gij uit die rots water doen stromen en de gemeenschap en het vee laten drinken...
Toen riepen Mozes en Aäron de gemeente voor de rots en Mozes zei tot hen: luister, rebellen, zullen we voor mensen als jullie water uit deze rots laten stromen ? Mozes hief zijn hand op en sloeg met zijn staf op de rots, tweemaal; toen stroomde er volop water uit’ *(Nu 20, 7-11)*.

Mozes gaf dus blijk van zijn twijfel en krijgt dan van God een flinke uitbrander. Hij heeft Gods naam ontheiligd:

‘Uw vertrouwen op Mij is niet zo groot geweest dat gij tegenover de Israëlieten mijn heiligheid hebt hoog gehouden’ *(Nu 20, 12)*.

Waarin bestond die ontheiliging ? Die bestond daarin dat Mozes verwachtte dat God kwaad zou zijn. Maar uiteindelijk toont God toch zijn liefde, zijn zorg. God blijft niet zitten in een wederkerigheid van kwaadheid; Hij wordt niet kwaad omdat iemand Hem tergt; God staat daarboven. Door te verwachten dat God is zoals wij mensen, ontwijdt, ontheiligt Mozes de naam van God, en dat was dan, volgens de traditie, de reden waarom Mozes het volk niet zelf mocht binnenleiden in het Beloofde Land.

Een tweede antwoord geeft de profeet Hosea, de profeet die het sterkst de gevoelsband van God en zijn volk verwoord heeft. Een prachtige beschrijving hiervan vinden we in het elfde hoofdstuk:

‘Toen Israël nog jong was, kreeg Ik hem lief, en uit Egypte heb Ik hem geroepen, mijn zoon. Maar hoe Ik hem ook riep, zij liepen van Mij weg, ja, zij brachten offers aan de Baäls en brandden wierook voor de godenbeelden’ *(Hos 11, 1-2)*.

‘Met zachte leidsels heb Ik hen gemend, met teugels van liefde. Ik was voor hen als degenen die het juk optillen wanneer het tegen de kaken drukt. Ik reikte hem zijn voedsel toe’ *(Hos 11, 4)*.

Dan staat er dat het volk ontrouw is en zich op die manier blootstelt aan Gods toorn. Maar God zegt:

‘Hoe zou Ik echter u kunnen prijsgeven, Efraïm, u kunnen overleveren, Israël ? Hoe zou Ik u kunnen prijsgeven, alsof gij Adma waart, of met u kunnen doen als met Seboïm ?’ *(Hos 11, 8a)*.

Adma en Seboïm zijn steden die volgens de traditie door Gods toedoen werden verwoest.

‘Mijn hart slaat om, heel mijn binnenste wordt week. Neen, Ik zal mijn vlammende toorn toch niet koelen, Efraïm niet opnieuw te gronde richten, want Ik ben God, Ik ben geen mens, Ik ben de Heilige in uw midden. Ik laat mij niet gaan in mijn toorn’ *(Hos 11, 8b-9)*.

Uiteindelijk is het sparen, het bewijzen van barmhartigheid, het tonen van zijn liefde de grootste uitdrukking van zijn heiligheid. Menselijkerwijs gesproken zou je verwacht hebben dat God zich in zijn toorn laat gaan. Maar dat doet Hij niet. God laat zich niet gaan in zijn woede. Het is alsof God zelf de pijn verwerkt – dat is het wat deze tekst zegt – God neemt de pijn zelf op zich.
Ik druk dit nu wel zo uit, maar we vragen ons af: kunnen we bij God wel van pijn spreken ? (Dat is een heel indringende vraag !) Wellicht niet op de manier waarop dat bij ons gebeurt, maar toch zouden we kunnen zeggen dat er bij God iets van pijn, iets van lijden is – deze tekst veronderstelt dit althans. God zelf verwerkt als het ware de pijn die opgeroepen is door de ontrouw van de mensen. En het antwoord van barmhartigheid, van liefde, dat Hij geeft

is dus anders dan wat wij zouden verwachten. Want wat wij zouden verwachten is: God is getergd en moet dus wel kwaad, wel toornig worden. Maar God wordt niet kwaad. Ik denk dat de manier waarop wij vaak over God en over zijn goedheid spreken, afbreuk doet aan de heiligheid van God, aan die oerkracht van heiligheid die God is. Wij degraderen Hem tot een beeld van goedheid waaruit alle kracht is weggevloeid. Soms heb ik de indruk dat wij God zien als een en al goedheid, liefde, maar op een manier die onvoldoende recht doet aan zijn heiligheid. Wij zien niet voldoende de prijs die moet worden betaald om in zijn goedheid te delen. In de tekst van Hosea wordt iets aangeduid van een lijden dat in God zelf is. Het bijzondere nu van het 'Onze Vader' is dat het woord 'heilig' verbonden wordt met de Naam. Heilig is iets van God. Maar wanneer er sprake is van de Naam, is er tevens sprake van de relatie met ons. Wij spreken de Naam uit en bij het uitspreken ervan komt er een relatie tot stand tussen God en ons, tussen ons en God.
Er zijn wel parallellen van deze bede aan te halen in de bijbel, en misschien is het ook goed dit even te doen om enigszins te beseffen waar het eigenlijk om gaat. Ik denk aan een tekst van Ezechiël die een heel moeilijke profeet is, misschien juist omdat het woord 'heilig', en wel de ijver voor de heiligheid van God, bij hem zo'n grote plaats inneemt.

'Ik zal voor mijn grote Naam die ontwijd is onder de volken, die door u onder hen ontwijd is, weer eerbied afdwingen' *(Ez 36, 23)*.

Het is dus blijkbaar mogelijk dat Gods naam ontwijd wordt onder de volkeren; en God verwijt dit aan zijn eigen volk, omdat zijn volk zijn Naam draagt. Blijkbaar was de handelwijze van zijn volk, met alle gevolgen van dien, niet in overeenstemming met de naam van God.
'Weer eerbied afdwingen'; in het Hebreeuws staat er eigenlijk: Ik zal mijn grote Naam heiligen. Het gaat dus om 'eerbied afdwingen voor', dat is in het woord 'heilig' vervat:

eerbied voor de naam van God; daar zit ook iets in van 'ongenaakbaarheid', een kracht waar je niet bij kunt.
Toch is die heiligheid van God iets dat zich aan ons meedeelt, iets waar wij medeverantwoordelijk voor zijn. Wij moeten Gods heilige Naam waarmaken.
Wij bidden: 'Uw Naam worde geheiligd.' Als we dat woord op ons af laten komen, treden we uit onszelf naar God toe en vragen eigenlijk dat God 'God' mag zijn in ons, in relatie met ons. Dat is de kern van deze bede en komt in deze bede het sterkst tot uiting.
Als we het woord 'heiligheid' in verband zien met ons uittreden uit onszelf naar God toe, zien we tevens het verband met het woord 'heerlijkheid'. Johannes laat Jezus zeggen: 'Ik heb uw Naam verheerlijkt en Ik zal dat blijven doen' *(Joh 12, 28)*. De heerlijkheid is eerder de uitstraling van God naar ons. Daarin blijkt ook wie God eigenlijk is; in de uitstraling deelt God mee wie Hij als lichtend wezen is. Het woord 'heiligheid' heeft veeleer iets van kracht: een oerkracht die God meedeelt aan ons.
De bijbel verbindt 'heiligheid' dan ook met een woord dat energie aanduidt, namelijk het woord 'vuur'. Denk maar terug aan de tekst van het brandende braambos, de brandende doornstruik, die brandt maar niet verbrandt *(Ex 3, 1-6)*. Het laat iets zien van het proces dat Mozes heeft doorgemaakt. Mozes is een agressieve figuur, maar komt op een bepaald moment tot een ontwikkeling waarin hij mag participeren in de kracht van God. Daardoor verbrandt zijn agressie, zijn agressieve kracht hem niet langer, put hem niet langer uit, maar zal hem in staat stellen de functie van leiderschap voor zijn volk op zich te nemen *(Ex 3)*.
Vuur is een beeld van energie. In onze tijd zouden wij veeleer het beeld van elektriciteit gebruiken. Elektriciteit is een oerkracht die tegelijk ook bron van energie is in ons dagelijks leven. Zonder elektriciteit kan ons maatschappelijk bestel niet meer functioneren. Maar wanneer je met die oerkracht te direct in contact komt, wanneer je aan een hoogspanningskabel raakt, dan kost je dat je leven aange-

zien je er niet op bent voorbereid met die energie om te gaan. Dat wordt gezegd in het gevecht van Jacob met de engel: Jacob heeft God gezien en is niet gestorven – tot zijn grote verbazing, want wie God ziet, moet sterven *(Gn 32, 31)*. Je komt in contact met zó'n grote kracht dat je die niet kunt verdragen, niet kunt doorstaan. Wil die energie toch worden overgebracht, dan moet ze eerst getransformeerd worden, door transformatoren worden overgebracht naar het menselijk niveau, dat wil zeggen: een lager trillingsniveau. Alleen zo kan die oerkracht van energie gaan functioneren in ons menselijk bestaan.
Als we nu de vraag stellen welke die transformerende krachten zijn die ons in staat stellen in contact te treden met Gods heiligheid, dan denken we allereerst aan de cultus. In de cultus wordt een reinheid verondersteld die ons ertoe geschikt maakt met God om te gaan. Waar die ontbreekt, kost het contact met Gods heiligheid ons het leven, zoals dit gebeurde bij de zonen van Aäron die God naderden op een onvoorbereide manier (*Lv 10, 1-3* en *16, 1*), op een onjuiste manier, zonder daartoe bevoegd te zijn. Ze vonden in het vuur de dood en ervoeren zo Gods heiligheid.

De grote ontknoping is dat Jezus zelf door de dood heen gaat, de dood op zich neemt, die wij mensen blijkbaar elkaar aandoen doordat wij verstrikt zijn in onze patronen van afgunst, van haat, van agressie. Wij zijn daarin zo verstrikt dat wij elkaar regelmatig de dood aandoen.
Jezus is ook in dat circuit terechtgekomen van haat, van vernietiging. Maar Hij heeft zijn dood – in gehoorzaamheid aan zijn Vader – omgevormd tot overgave. Dat is de prijs die Hij betaald heeft om iets van Gods heiligheid te laten zien. Het proces van ingeoefend-worden in Gods heiligheid door de cultus, door de gehoorzaamheid aan de wet, had gefaald. Nu maakt Jezus een nieuwe leerschool door, namelijk die van het lijden waarin Hij de gevolgen van onze ontrouw, ons echec, op zich neemt. Jezus laat zien dat Gods heiligheid zich op een nieuwe wijze baan kan breken,

zichtbaar kan worden. Voortaan ligt er de uitnodiging deze weg met Jezus mee te gaan. Hij is onze grote Voorganger. Wanneer Jezus ons laat bidden: 'Uw Naam worde geheiligd', dan is Hijzelf de inzet; Hij heeft zelf zijn leven gegeven. Maar in de gave van het leven doorstaat Hij Gods heiligheid. Het volk vluchtte weg, het kon die oerkracht van Gods heiligheid niet aan. Jezus kan het blijkbaar wel aan, tot in zijn sterven toe.

Vandaar dat de Hebreeënbrief *(Heb 9)* op een werkelijk prachtige wijze uitlegt hoe de gang van de hogepriester door het voorhangsel heen een beeld was, een verwijzing naar Jezus die door het voorhangsel heen ging. Er is een scheidsmuur in de symbolische bouw van de tempel, zoals er een scheidsmuur is in ons bewustzijn: God is onbenaderbaar, God is ongenaakbaar, we kunnen niet bij God komen. Zo leeft het in ons bewustzijn: onze mensenwereld, onze mensenmaatschappij is van God gescheiden. Maar Jezus breekt in zijn dood door het voorhangsel heen waardoor Gods heiligheid op een nieuwe wijze voor ons toegankelijk wordt.

Dan blijkt dat na Jezus' dood de tempelcultus verdwijnt. In het christendom krijgt de cultus, de liturgie wel een plaats, want wij mensen hebben nu eenmaal behoefte aan bepaalde cultische vormen. De dierenoffers worden echter afgeschaft – een onvoorstelbaar gebeuren in de geschiedenis van de mensheid. Een zekere mate van cultus waarin het lied en ook de riten een grote plaats innemen, is gebleven. We herdenken daarbij het uiteindelijk gebaar van Jezus: het gebaar waarin Hij zijn leven samenvatte, het gebaar van het aanreiken van brood en wijn, het teken waarin Hij zijn levensoffer tot uitdrukking bracht.

Er is nog wel rite, nog wel cultus, maar het centrum van die rite en die cultus is Jezus zelf in zijn dood geworden. In zijn dood, door zijn dood heen waarin de verrijzenis doorbreekt en het nieuwe leven oplicht, maakt Jezus een doorgang open naar Gods heiligheid. Hij leert ook welk innerlijk proces wij moeten doormaken om in Gods heiligheid te kunnen par-

ticiperen, daaraan deel te kunnen hebben.
We zien dus dat deze bede: 'Uw Naam worde geheiligd', heel veel inhoudt. We worden betrokken op de naam van God, op de oerkracht van Gods heiligheid. We worden er zo op betrokken dat we helemaal uit onszelf moeten treden.

In iedere eucharistieviering wordt het 'Heilig, heilig, heilig' gezongen. Jesaja schouwde in zijn grootse tempelvisioen *(Js 6)* hoe de serafs dat 'Heilig, heilig, heilig' zongen. Ook wij zingen het, terwijl al onze aandacht uitgaat naar God. Wij bezingen het niet te achterhalen geheim van zijn heiligheid. Door Jezus, onze grote Voorganger, worden we meegenomen om te worden ingewijd in dat grote geheim van heiligheid: het totaal anders-zijn van God dat geheel en al vervuld is van kracht, van liefde en mededogen. In die kracht, liefde en mededogen is God altijd opnieuw bereid zichzelf aan ons te geven, ons toch weer op te tillen boven onze zwakheid en zondigheid uit, ons steeds weer te laten bestaan voor zijn Aanschijn.
Jezus is in zijn dood en verrijzenis het grote teken, het grote symbool zouden we bijna kunnen zeggen, van die heiligheid. Als we bidden: 'Geheiligd zij uw Naam', betekent dit niet alleen dat we die heiligheid erkennen, maar dat we er ook in mogen delen. Dat woord 'heilig' dat eigenlijk iets vernietigends had, iets dat we niet konden doorstaan, gaat langzaam aan in ons weerklinken, in ons resoneren vanuit de oergestalte die Jezus is in zijn dood en verrijzenis. Ook al weten we niet goed raad met dat woord, naarmate we iets meer gaan verstaan van de diepste zin van het lijden, van de dood van Jezus, gaat het woord 'heilig' steeds dieper in ons resoneren. Het wordt een golfslag: 'Kadosj, kadosj', die steeds sterker wordt. Uiteindelijk wordt de scheiding overwonnen, totdat de totale heelheid geschonken wordt die in het woord 'heiligheid' aanwezig is, de totale heelheid met God waartoe we allemaal zijn bestemd.

Vol schroom en eerbied noem ik U: heilig, heilig, heilig.
Dit woord doorzindert mijn wezen: heilig, heilig, heilig.
Laat het vuur van uw heiligheid in mij ontvlammen,
verbrand mij, verteer mij,
om zelf heldere vlam te worden,
om liefdesvuur te zijn
waarin al mijn hartstocht,
al mijn drift
gelouterd en gezuiverd wordt.
Laat mij branden zonder te verbranden,
dan laait de vlam in mij zonder dat er bittere as ontstaat.
Laat mij, ontkomend aan mijn eigen beperking,
opgaan in eindeloze stilte.
Laat mij zuivere aandacht zijn,
om zo heel te worden in uw volheid van Zijn.
Laat mij doordringen in uw eindeloze Geheim.

Gods koningsheerschappij

'Uw Koninkrijk kome.' Dit is de tweede bede van het 'Onze Vader'.
Het zal dus in dit hoofdstuk gaan over het oerwoord 'koning', 'koninkrijk', of wellicht nog beter vertaald: 'Koningsheerschappij'. Jezus bidt dat Gods koningsheerschappij mag doorbreken, dat God mag heersen.
'Koning': weer zo'n moeilijk woord, even moeilijk als het woord 'vader'. Beide woorden zijn vanuit onze menselijke situatie op God overgedragen. Maar de ervaringen in die situaties opgedaan kunnen vaak heel negatief zijn. Misschien is het woord 'koning' nog wel negatiever belast dan het woord 'vader'.
Toch is dit woord opgenomen in het 'Onze Vader'. Het is zelfs een kernwoord van Jezus' prediking volgens de weergave van de drie synoptische Evangeliën. Heel merkwaardig is het dat dit woord eigenlijk alleen in de prediking van Jezus voorkomt. In de Brieven van Paulus en in het evangelie van Johannes komt het woord 'Gods koningsheerschappij' nauwelijks voor. Zij bieden ons andere kernwoorden die de christelijke boodschap weergeven, zoals bij Paulus: 'rechtvaardiging' en 'in Christus zijn', en bij Johannes: 'eeuwig leven'.
Het woord 'Gods koningsheerschappij' was wel een woord dat in Jezus' tijd ongelooflijk sterk aan de orde kwam. Jezus nam een bestaande term, een in omloop zijnde uitdrukking over, maar om die te laden met een heel nieuwe inhoud. Reeds in Jezus' tijd was het een zeer omstreden woord. Het gaat terug op de hele geschiedenis van Israël, ja, je zou kunnen zeggen: op de geschiedenis van de mensheid. Daarbij vat dan de geschiedenis van Israël als het ware de geschiedenis van de mensheid samen.
De bijbel leert ons hoe God met zijn volk op weg gaat. We

zien daar hoe vol tegenstellingen de heilsgeschiedenis is. We merken dat in de bijbel beide aanwezig zijn: het enorme verzet tegen het koningschap en al zijn macht, én de aanvaarding ervan wegens de archetypische betekenis die het heeft. De figuur van David wordt toch een gestalte die verwijst naar de Messias. Maar de manier waarop Jezus het koningschap waarmaakt, is totaal anders dan de politieke grootmacht waaraan koning David gestalte had gegeven.
Daarom willen we allereerst onze aandacht richten op de verhalen over het koningschap in het Oude Testament.
Wat het eerst opvalt, is het enorme spanningsgegeven dat in dit woord vervat is. Het wonderlijke van de bijbel is: de bijbel is nooit een ideologie, hij verhaalt een geschiedenis, een menselijk gebeuren waarin God werkt. In het begin, bij het ontstaan van Israël als volk, werd God gezien als de soeverein, als de eigenlijke Koning van het volk. Door een verbond, een soort pact, werd Israël de vazal van zijn goddelijke Koning. In die opvatting was een gewoon aards, een maatschappelijk koningschap totaal ondenkbaar, zelfs volstrekt onmogelijk.
Op een bepaald moment ontstaat toch, onder invloed van de omliggende volkeren die alle een koning hadden, de tendens om het koningschap als staatsvorm in te stellen. Dit riep eerst grote weerstand op bij de profeten. Er zijn verschillende verhalen in de bijbel te vinden waaruit die weerstand blijkt.
In het boek van de Rechters vind je de fabel van Jotam, die een prachtig kleinood vormt van het aanklagen van macht *(Re 9)*.
Deze fabel komt hierop neer: de verteller stelt zich voor hoe de bomen van het bos een koning willen uitzoeken. De bomen van het bos hebben een koning nodig.
Ze gaan eerst naar de olijfboom – uiterst belangrijk in het menselijk bestaan – en vragen: wilt u koning over ons worden ? De olijfboom antwoordt: waarom zou ik boven de bomen gaan zweven ? Koningschap betekent zweven: je schept een sfeer die niet beantwoordt aan de

dienstbaarheid die van mij als olijfboom wordt verwacht. Daarna gaan ze hetzelfde vragen aan de vijgeboom en ze krijgen hetzelfde antwoord. De vijg is een heerlijke vrucht, de mensen genieten ervan en het is de taak van de vijgeboom die vruchten voort te brengen.
De derde die zij aanspreken is de wijnstok. Maar de wijnstok kan toch niet afzien van zijn eigenlijke taak en geen wijn meer voortbrengen, die het hart van goden en van mensen verheugt ! Waarom boven de bomen zweven ?
Ten einde raad gaan de bomen naar de doornstruik toe. De doornstruik zegt: nu, vooruit, als jullie me dat vragen, dan wil ik dat best doen. En die doornstruik voegt er prompt aan toe: als jullie me niet aanvaarden, dan gaat er van mij, de doornstruik, een vlam uit die zelfs de ceders van de Libanon zal verbranden.
Deze doornstruik die zo vlug verdort dat er maar een vonkje op terecht hoeft te komen of hij vliegt in brand, met als gevolg dat het hele bos in vlammen opgaat, deze doornstruik aanvaardt het koningschap.
Dat is dus het koningschap: het ziet eruit als een doornstruik, namelijk nutteloos, verwaand en destructief. We zien hoe hieruit een strekking spreekt die zich verzet tegen menselijke macht, tegen de verheffing die met koninklijke macht gepaard gaat.

In het boek Samuël wordt in zeer directe bewoordingen beschreven welke sfeer een aardse koning met zich brengt. De tekst spreekt voor zichzelf:

'Samuël zei: de koning die over u heerst, zal de volgende rechten doen gelden: uw zonen zal hij opeisen voor zijn wagens, voor zijn paarden en om zijn wagen te escorteren, om ze aan te stellen als leider van duizend en leider van vijftig, om zijn akkers te ploegen, zijn oogst binnen te halen, wapens te maken voor de oorlog en zijn wagens uit te rusten. Uw dochters zal hij opeisen om zalf te bereiden, te koken en te bakken. Uw beste akkers, wijngaarden en olijftuinen zal

hij van u afnemen en ze aan zijn dienaren geven. Van uw oogsten en de opbrengst van uw wijngaarden zal hij tienden heffen en die aan zijn hovelingen en dienaren geven. Uw slaven en slavinnen, uw sterkste jongemannen en uw ezels zal hij voor zichzelf laten werken. Van uw schapen en geiten zal hij tienden heffen. Zo wordt u zijn slaven. Als het zover is, zult u bij Jahwe uw nood klagen over de koning die u zelf gewild hebt, maar dan zal Jahwe niet antwoorden.
Maar het volk wilde niet naar Samuël luisteren en zei: toch moeten wij een koning hebben !' *(1 S 8, 11-19)*.

Zo is het inderdaad ook gelopen. De schitterende regering van Salomo eindigt met een onderdrukking die een ongelooflijke slavernij betekende voor zijn volk. Toch had in David het koningschap een goddelijke bevestiging gekregen. Hij was de drager van de goddelijke ordening geworden, zoals Mozes de middelaar is geweest van het Verbond. David wordt de nieuwe bemiddelaar van het Verbond dat nu verloopt via de koning: God sluit zijn Verbond met de koning en de koning sluit het Verbond met het volk. David is degene die een politieke macht van betekenis vestigt, een grootmacht. Israël is een eeuw lang een grootmacht geweest, bijna van dezelfde allure als de grootmachten Egypte, Babylonië, Assyrië, met een aantal onderworpen volkeren, een aantal vazallen.
Dat heeft ook een functie in de heilsgeschiedenis van God. David is een van de oergestalten in de ontwikkeling van het volk Israël, in de heilsgeschiedenis. Maar blijkbaar kan de koning de weelde niet dragen. Wanneer je de boeken der Koningen leest, komen na David nauwelijks een paar koningen voor die voluit door de geschiedschrijving geprezen zullen worden. Menselijkerwijs gesproken is het koningschap niet waar te maken. Ondanks alle beloften van God verdwijnt het dan ook. Het volk moet in ballingschap: koningschap en cultus houden op. Na de ballingschap wordt wel de tempel hersteld, maar niet het koningschap. Maar de droom blijft. Eeuwenlang is Juda een soort provin-

cie in het Perzische Rijk. Daarna komen er heel woelige tijden: Alexander de Grote, de hellenisering van het Nabije Oosten waarin Israël voortdurend verwikkeld raakt, de vervolging onder Antiochus Epifanes die probeert aan de joden zijn heidense religie op te leggen en de tempel te maken tot een plaats voor de heidense cultus.
Dan komt het joodse volk in opstand. Daarbij zie je twee stromingen, iets dat zich door de eeuwen heen steeds opnieuw herhalen zal. Er is een groep joden die kiest voor het martelaarschap: ze laten zich afslachten. Er zijn ook joden die gaan vechten: de Makkabeeën. Ze zijn in staat om het met een klein groepje op te nemen tegen de enorme legermacht van de Syrische koning. Dit blijft als een archetypisch oerbeeld in de herinnering van het joodse volk aanwezig.
In de tijd van Jezus zijn het de Zeloten, een soort guerrillabeweging tegen het Romeinse gezag. Het joodse volk is een tijdlang politiek zelfstandig: het koningschap wordt hersteld maar slechts heel kort. Daarna komt het onder Romeinse heerschappij en wordt het een provincie binnen het Romeinse Rijk. Hoewel ze opnieuw hun zelfstandigheid verliezen, zal de gedachte aan het koningschap, aan het zelfstandig-zijn heel sterk blijven leven.
Als Jezus dan optreedt als genezer en als bevrijder van demonische machten, wordt op Hem meteen de Messiaanse verwachting geprojecteerd, in die zin dat men Hem ziet als de politieke en militaire bevrijder van Israël. Het jodendom moet weer een wereldmacht worden. Zo wordt Gods koningsheerschappij verwacht. Maar Gods koningsheerschappij is geen wereldmacht. Dat is de grote ontgoocheling van Palmzondag: men hoopt van Jezus' komst naar Jeruzalem een grote Messiaanse manifestatie te maken, maar Jezus kiest voor het pacifistische symbool van het ezeltje. Hij komt op een ezeltje Jeruzalem binnenrijden. Hij wil zijn volgelingen heel duidelijk maken dat Hij geen politieke macht nastreeft, geen militair optreden wenst, dat Hij slechts de boodschap van innerlijke transparantie be-

oogt, van vrede, van ommekeer van het hart. Deze situatie brengt met zich dat Jezus' optreden uitloopt op het debâcle van Goede Vrijdag.
Als we nu nagaan hoe Jezus het woord 'Gods koningsheerschappij' invult, dan blijkt dat Hij een zeer dringend appel doet op de persoonlijke gesteltenissen van iedere mens en daarmee op ieders waarde. Hoe komt Hij daartoe ?
Jezus zegt: het koninkrijk Gods is er voor de armen. Hij richt zijn prediking tot de armen, tot degenen die niets hebben, tot de zondaars, tot de kinderen, de kleinen, degenen die alleen maar kunnen leven van Gods gave.
Wat betekent dan het woord 'koningsheerschappij' waar wij in onze democratische tijd zo overgevoelig voor zijn ? De strekking is heel duidelijk: Jezus schenkt aan de vertrapte mens, de mens die niets meer heeft, geen plaats meer heeft om te leven, geen benen meer om op te staan, zijn menselijke waardigheid terug. Dat is eigenlijk wat het woord 'koning' wil zeggen.
'Koning' betekent in de prediking van Jezus niet: er is maar één koning en al de anderen zijn de onderdanen, de onderdrukten, en dus de slachtoffers. Neen, iedereen is koning in het koninkrijk van Jezus. Jezus' visioen van Gods koningsheerschappij veronderstelt dat iedereen koning mag zijn, zijn diepste waardigheid ten volle mag beleven. Jezus richt zich allereerst tot de armen, de kleinen, de verdrukten. Hij zegt: eindelijk is er voor jullie heil, eindelijk is er voor jullie redding. Waarom voor jullie ? Omdat jullie door de maatschappelijke situatie van het klein-zijn nog de gesteltenis bezitten van het ontvankelijk-zijn. Daarmee neemt Jezus stelling tegenover twee groepen van mensen die macht bezitten: de schriftgeleerden en de Farizeeën gelden als type van religieuze macht. Het streven naar aardse macht lag verankerd in de geschiedenis zelf van Israël, en uiteraard in het hart van iedere mens.
Laten we eerst stilstaan bij de religieuze macht. Deze wordt gekenmerkt door zelfrechtvaardiging. Dat is immers het verwijt dat Jezus richt tot de Farizeeën en schriftgeleerden.

Het woord 'Farizeeër' is in het Evangelie praktisch identiek geworden met 'huichelaar'. De Farizeeën waren de puriteinen, de wetsgetrouwen; ze waren eigenlijk de mensen die zich helemaal inzetten voor het Koninkrijk, die dachten dat het Koninkrijk zou komen door de wet te onderhouden. Op zich werden deze mensen gekenmerkt door een zeer lofwaardig streven waar je alleen maar heel diep respect voor kunt hebben. Maar in hun lofwaardige streven bleken ze de diepste ontvankelijkheid van de mens voor God toe te dekken, te vervangen door hun eigen inspanning.
Paulus zegt dan ook: ze hebben ijver voor God maar niet op de goede manier *(Rom 9, 31-10, 4)*. Ze hebben de ijver voor God, zoals Jezus die heel scherp heeft uitgebeeld in de parabel van de Farizeeër en de tollenaar *(Lc 18, 9-14)*. Ze streven naar een vorm van zelfgerechtigheid waar ze prat op gaan, waarin ze eigen grootheid zoeken. Ze zijn quitte tegenover God, terwijl Jezus zegt: 'Neen, het is onmogelijk voor een mens dat hij al zijn schuld zou kunnen inlossen tegenover God.'
Je kunt nooit naar God toegaan en zeggen: kijk, dat heb ik nu bereikt ! Heb ik het niet goed gedaan ? Geef me nu een pluimpje voor alles wat ik tot stand heb gebracht. Je kunt alleen maar met *lege handen* naar God toegaan.
Dat is eigenlijk de kern van Jezus' boodschap en dat klinkt ook heel sterk door in de prediking van Paulus.
In zijn eerste Brief aan de Korintiërs beschrijft Paulus een sfeer van mensen die religieus bevlogen zijn en daardoor op een of andere wijze tot zelfverheffing komen. De apostel wijst die christenen dan op hun afkomst: kijk maar eens wat jullie als maatschappelijke achtergrond hebben ! Onder jullie zijn, maatschappelijk gezien, helemaal geen mensen van hoge komaf, noch mensen met een maatschappelijke carrière of met geleerdheid of rijkdom. Met andere woorden: er is eigenlijk niemand onder jullie die maatschappelijk belangrijk is. Maar juist omdat jullie niets zijn, heeft God jullie uitverkoren om datgene te beschamen wat iets is *(1 Kor 1)*. Paulus bezit het vermogen om dit ongelooflijk

indringend tot uitdrukking te brengen. Dat moet dan ook een opvallende ervaring geweest zijn bij de eerste prediking: alleen de armen zijn in feite ontvankelijk.
Deze achtergrond moet bij Lucas hebben meegespeeld waar hij Jezus' zaligspreking van de armen vermeldt: juist de armen zijn ontvankelijk voor het koninkrijk van God! *(Lc 6, 20)*. Je voelt dan de enorme spanning die aanwezig is in deze zaligspreking. Het woord 'koninkrijk Gods', en de categorie van de armen, de kleine mensen: ze schijnen helemaal niet bij elkaar te passen.
Dit geldt ook waar het gaat om de ambities naar aardse macht. Jezus roept een kind naar voren en plaatst het in het midden van de leerlingen *(Mc 9, 35-36; 10, 15)*. Waar staan nu de leerlingen die dachten dat zij de eerste plaats in het koninkrijk Gods hadden, die de ambitie hadden carrière te maken omdat zij in Jezus hadden geloofd, omdat zij gezien hadden dat Hij de Messias was? Jezus zet hen op hun plaats. Hij herinnert eerst aan de maatschappelijke verhoudingen. Daar is het zo dat de sterkste zijn macht doet gevoelen. Hoe kan de sterke zijn macht behouden in de maatschappij? Door die macht op anderen te laten drukken: ík ben de sterke, dus jij bent de zwakke, ík heb macht, dus jij bent de onderdaan.
Jezus keert het om. Hij predikt een houding van dienstbaarheid *(Mt 20, 20-28; Mc 10, 35-45; Lc 22, 24-27)*. Daarin voel je de ongelooflijke spanning die in dat woord 'koningsheerschappij' zit: het wordt als het ware binnenstebuiten gedraaid doordat het toegepast wordt op de arme, kleine, zwakke, zondige mens, die geroepen is om die koninklijke waardigheid in zijn leven gestalte te geven. Niet door eigen inspanning gebeurt dit, maar puur door het als geschenk aan te nemen, het als geschenk te blijven zien.
Daarmee hangt samen dat Jezus, vooral in de Bergrede *(Mt 5-7)* zo'n appel doet tot innerlijke puurheid, tot zuiverheid van hart. Feitelijk is de Bergrede alleen maar dat appel, want alleen maar de wet onderhouden is niet genoeg. Je kunt niet zeggen: als ik de decaloog maar onderhoud, dan

ben ik er; neen, je moet ook met je agressie en je begeerte in het reine komen. De Farizeeën, zo zegt Jezus het uitdrukkelijk, beroemen zich erop dat ze de wet onderhouden: 'Tot de voorouders is gezegd: gij zult niet doden; maar Ik zeg je: kom klaar met je agressie, kom met je agressie in het reine. Er is gezegd: gij zult geen echtbreuk plegen, maar wat eraan voorafgaat, de begeerte die in iedere mens zit, daar moet je mee klaarkomen' (vgl. *Mt 5, 21-22.27-28*).

Dat is het appel dat Jezus doet, namelijk het appel tot een innerlijk zuiveringsproces.

In de Bergrede hoor je ook: 'Oordeel niet' *(Mt 7, 1-5)*, en dan schrik je even. Oordelen: dat is toch juist de uiting van de waardigheid van het menselijk verstand ? Te kunnen oordelen: daarin ontplooit zich toch het verstand ?

Maar Jezus doet een appel op diepere dimensies van kennen. Daarin poneert de oordelende mens zichzelf niet en ziet hij in de ontplooiing van zijn eigen verstand niet zijn eindpunt. Er zijn diepere dimensies van kennen die, door de nadruk te leggen op het oordelen, niet aan bod komen, namelijk het schouwen, het intuïtieve zien.

En dat geldt nog meer voor het veroordelen, voor het emotionele waardeoordeel waarin de ander niet zozeer maatschappelijk als wel veeleer psychisch tegen de grond wordt geslagen: jij bent slecht. En waarom ? Omdat jij anders bent dan ik ! Jij bent van een ander volk, van een ander ras, en je bent van een andere opinie, je vertegenwoordigt andere waarden dan de mijne, en dus ben je slecht. Dat is niet alleen oordeel maar ook veroordeling. Meestal is het zo: de waarden die ik in ere houd (en, naar mijn mening, de ander niet), geven mij aanleiding tot zelfverheffing. Heel Jezus' prediking van het Koninkrijk is erop gericht om dat weg te nemen, om de mens te brengen tot pure ontvankelijkheid, tot het zuiver transparante van het bewustzijn.

Als we tegen die achtergrond de Bergrede lezen, dan merken we: het koninkrijk Gods betekent pure transparantie, pure doorzichtigheid. Jezus doet ook een uiterst dringend appel op ons, om ons te richten op andere waarden dan die

waartoe we uit onszelf geneigd zouden zijn.
Jezus haalt de diepste dimensie van ons bestaan naar voren – ik zou bijna willen zeggen: een goddelijke dimensie – en past woorden op ons toe die eigenlijk alleen van God gezegd worden: 'Jullie zijn licht, jullie zijn zout, jullie zijn rots' (*Mt 5, 14.13; 7, 24-27*).
Het woord 'rots' wordt in het Oude Testament voor God gebruikt: God is mijn rots, Hem vertrouw ik. Jezus geeft het een nieuwe inhoud, en zegt: jij moet rots zijn ! En hoe ben je rots ? Door de woorden te onderhouden die Jezus uitspreekt. Als we de woorden van Jezus horen en we zijn enthousiast en zeggen: hoe prachtig praat die man, hoe mooi, maar daarna blijven steken in ons eigen gedrag, in onze eigen mentaliteit die gericht is op zelfverheffing, als we dus niet verstaan dat het een programma is van innerlijke transparantie en doorzichtigheid, dan zegt Jezus: je hebt je huis op zand gebouwd, één windstootje en het valt in elkaar. Je moet rots zijn. Je huis moet op een rots gebouwd zijn (vgl. *Mt 7, 24-27; Lc 6, 47-49*). Dat is appel, niet tot zelfverheffing, maar wel tot bewustwording van de innerlijke waarden, de waarden die in iedere mens verborgen zijn. Dat is eigenlijk de grote strekking van Jezus' prediking.

Als Jezus ons dus leert bidden: 'Uw Koninkrijk kome', waar bidden wij dan om ? We bidden dan om al die innerlijke gesteltenissen van ontvankelijkheid en transparantie die Jezus ons in zijn boodschap gebracht heeft.
Daarin verwerkelijken zich de apocalyptische beelden die de bijbel gebruikt waar de goddelijke koning beschreven wordt, gezeten op zijn troon: een stroom van vuur (*Da 7, 9*), een straling van jaspis en karneool (*Apk 4, 3*).
Het zijn visionaire beelden die iets van een totaal andere werkelijkheid van God willen uitbeelden. Wat geen oog heeft gezien, wat geen oor heeft gehoord, zegt Paulus (*1 Kor 2, 9*), een aanhaling van de profeet Jesaja (*Js 63, 3; 65, 17*). Gods werkelijkheid: we kunnen er niet bij, ze is van een totaal andere orde dan wij ons ook maar zouden

kunnen voorstellen. Toch worden we opgeroepen er ontvankelijk voor te zijn, wat een heel proces van innerlijke zuivering veronderstelt.
De transformatie die we dan moeten doormaken, wordt uitgebeeld in de parabels van het zaad dat plant, struik, vrucht wordt. Maar de vorm, de gestalte is totaal anders. We kennen ook het omvormingsproces van rups naar vlinder: er is continuïteit tussen rups en vlinder, maar de gestalte verschilt totaal. Zo is het ook met ons en met Gods koningsheerschappij die in ons gestalte krijgt: ondanks de discontinuïteit in de vorm is er toch een continuïteit tussen onze ontvankelijkheid, ons toelaten, onze transparantie, het innerlijk zuiveringsproces dat wij doormaken en datgene wat God ermee doet. Onze transparantie en wat God doet staan niet los van elkaar, want Hij heeft ons nodig evenals dat innerlijk proces dat in ons plaatsvindt. Hij vervult het echter met een glorie, een uitstraling, een heerlijkheid die alles overtreft wat wij ons als mensen kunnen voorstellen.
'Uw Koningsheerschappij kome': dat is de bede die Jezus ons leerde.

Kom, Heer Jezus, kom ! Kome uw Koninkrijk !
Wij hunkeren naar een wereld
waar de groten der aarde
niet meer lijden aan grootheidswaan
en afzien van machtsmisbruik,
naar een wereld waarin gerechtigheid heerst en vrede.
Kom, Heer Jezus, kom en vestig uw Koninkrijk
waarin de armen en kleinen zich mogen oprichten
en hun koninklijke waardigheid ontdekken.
Gijzelf immers hebt hen uitgenodigd
om vanuit U te leven.
Leer ons onze eigenmachtigheid prijsgeven,
leer ons ontvankelijk en doorzichtig te worden.
Laat zo Gods koningsheerschappij zichtbaar worden
in deze wereld.

Gods wil

'Uw wil geschiede.'
Dit is de bede waarin we het laatste oerwoord vinden waarop we ons gaan bezinnen. Het is geen gemakkelijke bede. We merken feitelijk steeds meer dat het 'Onze Vader' een ongelooflijk moeilijk gebed is. Jezus heeft het ons, bij wijze van spreken, zo moeilijk mogelijk gemaakt door ons het 'Onze Vader' te leren bidden.
'Uw wil geschiede.' Jezus bidt dat Gods wil mag geschieden. Voordat we ons gaan bezinnen op Gods wil, lijkt het goed stil te staan bij de wil van de mens. De wil van de mens is een belangrijk vermogen, maar de mens moet wel eerst dat vermogen in zichzelf ontdekken. Bij het ontdekken van zijn wil wordt de mens zich tevens bewust van zijn kracht. Het gaat als het ware om een ontwaken, een geopenbaardworden aan jezelf van je eigen vermogen tot willen. Het is geen wilskracht waarin je verkrampte ik tot uiting komt, waarbij je spieren meetrillen. Je moet het vermogen tot ontplooien in jezelf ontdekken waarbij moeilijke omstandigheden, hindernissen en belemmeringen een uitdaging vormen, en daarom een hulpmiddel kunnen zijn tot deze ontdekking.
Je moet wel vechten, maar in het vechten word je jezelf bewust. Het gaat niet om een dril-instantie buiten jezelf die je afhankelijk maakt en vervreemdt van jezelf. Het is wel degelijk een kracht waarin je jezelf bewust wordt, waarin je je bewust wordt dat je je kunt richten op een doel. Je kunt al je vermogens aanwenden om die richting op een bepaald doel waar te maken.
Wanneer je kijkt naar de kracht die in deze wil aanwezig is, dan zit er durf in, initiatief, besluitvaardigheid, volharding. Al deze aspecten van kracht zitten in de wil, maar ze staan in functie van wat je hebt ontdekt als belangrijk in je leven,

van het doel waar je voor kiest. In die zin is het willen echt een ontwaken: je wordt aan jezelf geopenbaard in je vermogen tot deze ontplooiing van jouw persoonlijkheid. Jij kiest ervoor, het is jouw besluit. Een ander kan dit niet voor jou doen, niet van jou overnemen. Jij bent de enige die kunt kiezen, die kunt willen. Het ontwaken van de wil is iets heel bijzonders.
Maar het blijft waar dat deze wil wordt gedragen door allerlei vitale krachten in ons; de wil tot leven is niet alleen iets dat ik bewust wil, maar ook iets van mijn vitaliteit, van mijn verbondenheid met heel de natuur. Het een hoort noodzakelijk bij het ander. Wanneer ik wil leven, wil ik dat omdat ik de levenswil in mijzelf gewaarword; maar ik zet deze levenswil om in mijn bewuste keuze. Dat is het verschil met een plant of een dier. Je kunt soms zien hoe een plant vecht tegen een steen, vecht voor haar leven, met alle kracht haar weg naar het licht zoekt.
Elk leven vecht om het bestaan, maar bij het willen gaat het om jouw keuze. Jij ontdekt jezelf in het willen, je wordt geopenbaard aan jezelf in de keuze die je doet tot ontplooiing van je eigen persoonlijkheid.[5]
Als Jezus nu bidt: 'Uw wil geschiede', spreekt Hij over de wil van God waarvoor de wil van de mens moet wijken. Dit wordt duidelijk als we nagaan hoe deze bede in het 'Onze Vader' is gekomen.
Ik zei reeds dat dit een bede is die we alleen bij Matteüs vinden. In de versie van het 'Onze Vader' die Lucas ons geeft, komt deze bede niet voor. Je kunt je dan afvragen: waar haalt Matteüs zomaar het recht en de moed vandaan om deze bede toe te voegen. Het is echter niet louter een toevoeging, want Jezus heeft inderdaad deze bede uitgesproken, en wel op een zeer dramatisch ogenblik, namelijk in de Hof van Gethsemane op het moment van zijn doodsangst, zijn doodsnood *(Mt 26, 39.42; Mc 14, 36; Lc 22, 42)*. Toen Hij zijn verschrikkelijk lot voor ogen zag, bad Hij dat het niet zou doorgaan. We nemen even de tekst:

'Toen Jezus met zijn leerlingen aan een landgoed kwam dat Gethsemane heette, sprak Hij tot zijn leerlingen: "Blijf hier zitten terwijl Ik ginds ga bidden." Petrus en de twee zonen van Zebedeüs nam Hij echter met zich mee. Hij begon bedroefd en beangst te worden. Toen sprak Hij tot hen: "Ik ben bedroefd tot stervens toe. Blijf hier en waak met Mij." Nadat Hij een weinig verder was gegaan, wierp Hij zich plat ter aarde en bad: "Mijn Vader, als het mogelijk is, laat deze beker aan Mij voorbijgaan. Maar toch: niet zoals Ik wil, maar zoals Gij wilt"' *(Mt 26, 36-39)*.

De wil van Jezus, dat wil zeggen: de wil van de mens, en de wil van God worden hier zeer dramatisch tegenover elkaar geplaatst. Hoe is de situatie ? Jezus was een jongeman van drieëndertig jaar in zijn volle kracht, in volle vitaliteit, en Hij zag het moment van de dood voor ogen. Al zijn levenskracht, heel zijn levenswil en vitaliteit verzetten zich tegen het lot dat Hij op dat moment voorzag. Maar Hij plaatst toch zijn willen onder Gods willen.
Waarschijnlijk is deze passage mede gevormd vanuit de ervaring van de martelaren uit de eerste christengemeenschap, vanuit de ervaring dat het mogelijk is met je leven te getuigen voor Christus. En de doodsstrijd, de doodsangst die Jezus doormaakt, is hier het voorbeeld voor iedere christen die in zo'n situatie van dreigend martelaarschap terechtkomt.
Jezus gaat dan naar zijn leerlingen en vindt hen in slaap. En weer verwijdert Hij zich van zijn leerlingen en bidt:

'Vader, als het niet mogelijk is dat die beker voorbijgaat zonder dat Ik hem drink: dat dan uw wil geschiede' *(Mt 26, 42)*.

Niet mijn wil maar uw wil geschiede. Er blijkt een botsing plaats te vinden tussen de wil van de mens en de wil van God. Hier in de Olijfhof wordt de botsing tussen het 'ik' en de universele wil die God is, heel dramatisch beschreven.

Als we over Gods wil spreken, lopen we het gevaar dat we God zien als een soort gebieder, een directeur die van boven af alles bestuurt.
Omdat de bijbel heel sterk het relationele element in de godsbeleving benadrukt, hebben wij de neiging om ons God voor te stellen buiten ons: God is een beperkt wezen met een bepaalde gestalte die buiten ons bestaat, ergens aan de top van het heelal. Dan krijgen we beelden als dat van de fabrieksdirecteur – een beeld dat ons, mensen van deze tijd, vertrouwd is – of dat van de koning – een beeld dat in de bijbel inderdaad gebruikt wordt –. Daarbij is het beeld van de goddelijke koning gevormd naar analogie van de menselijke koning, al wordt het wel in een overstijgende, een alles overtreffende vorm gebruikt. Dat is nu eenmaal onze menselijke manier van spreken.
Maar wij mogen niet vergeten dat in het Oude Testament het godsbeeld ook geladen is met kosmische, zelfs met vitale krachten. Jahwe, de God van het Oude Testament, doordringt de hele kosmos, de hele schepping. Alles wat in het scheppingsgebeuren plaatsheeft, wordt aan God toegeschreven. In die zin is God niet de gestalte buiten ons, boven de kosmos. God doordringt heel de schepping, Hij is de universele scheppingswil.
En zo kom ik terug op het 'willen'. De wil van God is niet een willekeurige wil die buiten ons staat, maar het is de inherente scheppingswil die de schepping voortstuwt naar zijn doel. Het woord 'wil' komt nogal eens voor in het Nieuwe Testament. In het Oude Testament vinden we ook de wil van God, maar daarnaast veel meer het woord 'wijsheid'. En dit woord wordt zo omschreven dat het heel dicht komt bij de goddelijke wil.
Het is heel merkwaardig: als we de cultuurgeschiedenis van de mensheid nagaan, dan vinden we grote genieën, persoonlijkheden met een meer voluntaristische instelling, die meer de wil benadrukken, en we vinden grote persoonlijkheden met een meer intellectuele instelling, die het verstand benadrukken. Beide moeten elkaar beïnvloeden. De men-

sen die over de wil spreken, spreken ook over de lichtende, inzichtelijke kant van de wil. Ze zien de wil echter vooral als de grote motor, de grote kracht die richting geeft waardoor de mens in staat is beslissingen te nemen, waardoor hij alles kan integreren in het ene doel dat hij zich gesteld heeft. 'Wijsheid' legt meer de nadruk op de totale samenhang.

'Want de wijsheid, de maakster van alles, heeft mij onderricht. In haar immers is een geest die verstandig is, heilig, enig, veelzijdig, subtiel, beweeglijk, doordringend, smetteloos, helder, onkwetsbaar, bedacht op het goede, scherpzinnig, onweerstaanbaar, weldadig, menslievend, standvastig, onwankelbaar, onbekommerd, alles vermogend, alles overziende, alle geesten doordringend, hoe verstandig, zuiver en subtiel ze ook zijn' *(W 7, 22)*.

Veel van deze eigenschappen zijn wilseigenschappen.

'Want de wijsheid is beweeglijker dan alle beweging; zij doordringt en doortrekt alles door de kracht van haar zuiverheid' *(W 7, 24)*.

Het gaat er natuurlijk niet om verstand en wil tegenover elkaar te stellen. Er zijn verschillende karakters. Bij het ene karakter overheerst meer het aspect van inzicht, van kennis, van wijsheid, en bij een ander karakter meer de wil; beide hebben elkaar nodig, beide veronderstellen elkaar.

'Hoewel de wijsheid één is, vermag zij alles; hoewel zij in zichzelf blijft, vernieuwt zij alles.
'Machtig reikt zij van het ene einde tot het andere en op voortreffelijke wijze bestuurt zij alles' (*W 7, 27a* en *8, 1*).

Hier weer duidelijk het wilsaspect: de wil die alles vermag, alles doordringt, alles bestuurt.
Zo is de goddelijke wil. Deze staat niet zomaar buiten ons, deze is ook in ons. Toch blijkt er een botsing plaats te

kunnen hebben. Hoe kan dit gebeuren ? Omdat ons ik, binnen het totaal van ons bewustzijn, een zekere instantie is waardoor we bewust zijn van onszelf en verantwoordelijk voor onszelf. Het gaat om een zelfbewustwording die zich voornamelijk afspeelt op het actieve niveau van ons leven. Maar het actieve in ons leven, hoe belangrijk ook, zeker als fase van bewustwording, is niet meer dan een doorgang naar andere dimensies van ons bewustzijn waarin we veeleer ontvankelijk zijn.

Als de wil in eerste instantie een kracht is van ontplooiing waarin ikzelf in het middelpunt sta, ontdek ik geleidelijk dat ik me ook ondergeschikt kan maken aan waarden die groter zijn dan ikzelf: morele, esthetische, religieuze waarden. Het ik kan zich onderschikken aan waarden die groter zijn dan dat kleine beperkte ik, dat toch bepaald wordt door zijn eigen centrum. 'Ik wil' betekent in de eerste fase: ik sta in mijn eigen centrum. Maar geleidelijk wil ik me onderschikken aan iets dat groter is dan ikzelf. Niet-ik. Hoe belangrijk het ik ook is, het moet worden omgeschakeld naar, moet worden omgevormd in een grotere werkelijkheid, een grotere aanwezigheid die niet buiten ons bestaat, maar die op een of andere wijze ook ín ons aanwezig is.

Men spreekt wel van ons diepste zelf, ons hoogste zelf, die dimensies waar de mens ontvankelijk is voor de goddelijke werkelijkheid. Dit is het wat Jezus uitspreekt in zijn relatie naar de Vader toe. Voortdurend komen we dit in de Evangeliën tegen, vooral in het evangelie van Johannes.

We vinden daar de volgende uitspraken: 'Ik ben niet gekomen om mijn wil te doen maar de wil van de Vader' *(Joh 5, 30; 6, 38)*; 'Ik ben niet uit mezelf gekomen, Ik ben gezonden' *(Joh 7, 28)*. Het gaat dus niet alleen om het doen van de wil van de Vader maar ook om het gezonden-zijn door de Vader. 'Ik spreek niet uit mijzelf' *(Joh 12, 49)*; 'Mijn leer is niet van Mij maar van Hem die Mij gezonden heeft' *(Joh 7, 16)*.

Het is opvallend dat in het evangelie van Johannes de hele relatie Zoon-Vader als het ware is opgebouwd rondom het niet-Ik van Jezus. Niet mijn wil. Ik spreek niet uit mijzelf, Ik handel niet uit mijzelf. Niet mijn eer. Ik ben niet uit mijzelf gekomen. Niet Ik maar de Vader.

Nu we ons bezonnen hebben op de relatie van de menselijke wil tot de goddelijke wil, komen we tot de volgende vraag: wat is de wil van God, hoe kunnen wij de wil van God kennen ? We willen daartoe stilstaan bij enkele uitspraken van Jezus.
In het evangelie van Matteüs vinden we een heel belangrijke uitspraak: 'Uw hemelse Vader wil niet dat een van deze kleinen verloren gaat' *(Mt 18, 14)*. Het is een aansporing gericht tot de kerkelijke leiders, om zorg te dragen voor diegenen die verloren dreigen te lopen. Zo geven ze uitdrukking aan de vergevensgezindheid van God die Jezus in de parabel van 'het verloren schaap' tot uitdrukking wil brengen *(Mt 18, 11-13; Lc 15, 4-7)*. Het valt bovendien op dat Jezus, in het evangelie van Matteüs, God onze hemelse Vader noemt. Wij bidden inderdaad: 'Onze Vader die in de *hemel* zijt; uw wil geschiede op aarde zoals in de *hemel*.' De hemel is het oerbeeld, in de hemel is het vanzelfsprekend dat Gods wil geschiedt, de aarde moet zich leren onderschikken aan deze wil.
Wat is de wil van de Vader die in de hemel is ? De Vader wil dat geen van deze kleinen verloren gaat. Vergelijken we deze uitspraak met die van Paulus die er erg veel op lijkt. De apostel zegt dat er gebeden en smekingen moeten worden verricht, want 'dit is goed en welgevallig in het oog van God, onze Heiland, die wil dat alle mensen gered worden' *(1 Tim 2, 3-4)*. God wil dat alle mensen gered worden. Jezus spreekt over de kleinen.
Paulus drukt het algemeen uit: in een bestuur – dat geldt voor iedereen die leiding geeft – let je op de grote lijnen. De leider moet niet letten op de kleine details; deze moeten door anderen worden ingevuld. Paulus zegt dat Gods grote ordening erop gericht is dat het alle mensen goed gaat, dat de mensen gelukkig kunnen leven.

Maar blijkbaar, dat leert de ervaring, zijn er voortdurend mensen die tussen de mazen van het net vallen. Er worden wel grote lijnen getrokken, maar bepaalde mensen passen daar niet in: ze lopen van het ene loket naar het andere, van de ene instantie naar de andere, en ze blijken nergens geholpen te worden.
Welnu, deze mensen zijn volgens Jezus het voorwerp van Gods heilswil. Jezus doet een beroep op de kerkelijke leiders: let vooral op deze mensen. Het gaat niet alleen om de algemene heilswil van God. Jezus richt de aandacht precies op de kleinen die niet verloren mogen gaan. De mensen die tussen de mazen van het net doorvallen, die nergens een plekje kunnen vinden, nergens kunnen worden ingepast en door iedere instantie worden afgewezen: zij zijn het voorwerp van Gods bijzondere, heel persoonlijke heilswil.
'De hemelse Vader wil niet dat een van deze kleinen verloren gaat.' Dat wil God !

Ook in de Bergrede wijst Jezus ons de weg Gods wil te leren kennen en ook metterdaad uit te voeren.
Jezus legt, zoals ik reeds zei, de volle nadruk op allerlei innerlijke gesteltenissen. Hij zegt: probeer met je agressie, met je begeerte in het reine te komen. Hoe normaal het ook is dat je je zorgen maakt, probeer je zorgen over te geven aan je Vader in de hemel: Hij zorgt voor jou. Je gerechtigheid, je aalmoezen, je bidden en vasten: doe het niet voor het oog van de mensen. Jezus wijst je de weg naar innerlijke transparantie, innerlijke openheid voor God, innerlijke zuiverheid, eerlijkheid: gesteltenissen die aan de mens iets stralends, doorzichtigs geven.
Gods straling kan door een mens heen gaan, op voorwaarde dat hij eerst met zijn haat en begeerte in het reine komt.
Dan eindigt deze toespraak met de woorden:

'Niet ieder die tot Mij zegt: Heer, Heer ! zal binnengaan in het Koninkrijk der hemelen, maar hij die de wil doet van mijn Vader die in de hemel is' *(Mt 7, 21)*.

De wil doen van de Vader die in de hemel is, betekent: je zo afstemmen op Gods wil dat dit zuiveringsproces ook metterdaad plaatsvindt. De beperkte menselijke wil is geroepen te ontwaken tot de hemelse dimensie van zuiverheid, echtheid, eerlijkheid, overgave. Gods straling kan door een mens heen gaan.

Soms wordt in verband met de wil van God het woord 'welbehagen' gebruikt. Heel speciaal gebeurt dit bij de doop van Jezus *(Mt 3, 13-17; Mc 1, 9-11; Lc 3, 21-22)* en bij de verschijning op de Tabor *(Mt 17, 1-9)*: 'In Jou heb Ik mijn welbehagen.'
'Willen' en 'welbehagen hebben' is dus eigenlijk hetzelfde. 'Willen' is veeleer een kracht van doelgerichtheid terwijl welbehagen veeleer duidt op het gevoelsaspect: ik laat mijzelf ontvlammen door een liefde die mij raakt, ik laat mijn gevoel open komen voor de liefde die naar mij uitgaat. Willen en voelen kunnen in een bepaalde fase bij elkaar komen. In het welbehagen van God naar Jezus toe zien we dat willen en voelen inderdaad samenvallen. De wil is dan afgedaald tot diepere dimensies van ontvankelijkheid. Als dat gebeurt kunnen de wil en het gevoel van de mens zo bij elkaar komen dat ze elkaar doordringen. Het is Gods welbehagen dat we ons de waarden eigen maken van echtheid, eerlijkheid, zachtmoedigheid, nederigheid. Dan kan ook op ons, zoals op Jezus, Gods welbehagen rusten en in onze diepste gevoelslagen doordringen.

Wanneer we nu terugkomen bij de Hof van Olijven, stoten we wel op het moeilijkste dat denkbaar is. Het gaat om deze vraag: toen Jezus zijn optreden begon met zijn prediking, zijn wonderen, zijn duiveluitdrijvingen, wat lag er dan meer voor de hand dan dat het joodse volk Hem geloof zou schenken ?

Het volk van Israël zou het grote instrument worden van God om zijn Koninkrijk te vestigen over de hele wereld. Wat zou je anders verwachten ? Zo leek Gods plan, Gods wil te zijn.

Maar het verliep totaal anders. Het volk en vooral de leiders van het volk schonken geen geloof aan Jezus. De consequentie daarvan was de doodsangst van Jezus in Gethsemane. Hij werd het slachtoffer van menselijk ongeloof en menselijke machtsdrift. Zodoende worstelde Jezus niet alleen met een enorme vitale levensdrang (Ik wil niet dood, Ik wil blijven leven), maar Hij moest tegelijkertijd de mislukking ervaren van zijn zending waaraan Hij zich totaal gegeven had !

Als Jezus doodgaat, waar blijft dan de heilswil van God, waar de opdracht van de Vader ? Hoe kan dat nu ? De diepte van deze worsteling kunnen wij ons niet genoeg voorstellen.

Uiteindelijk wordt Jezus dan uitgebeeld op het kruis in godsverlatenheid: 'Mijn God, mijn God, waarom hebt Gij Mij verlaten ?' *(Mt 27, 46; Mc 15, 34)*, totdat die Godverlatenheid toch overgaat in overgave: 'Vader, in uw handen beveel Ik mijn geest' *(Lc 23, 46)*.

Hier zien we dat in de verwerkelijking van Gods uiteindelijk heilsplan ook het ongeloof van de mens zijn plaats heeft gekregen. De menselijke vrijheid, zelfs in de zin van misbruik ervan, heeft haar plaats in Gods uiteindelijke zelfopenbaring.

Kernvraag is daarbij: hoe verhouden zich de goddelijke wil, de goddelijke vrijheid, en de menselijke wil, de menselijke vrijheid ? Ze moeten blijkbaar wel met elkaar in harmonie komen. De mens heeft echter de keuzevrijheid tussen weigeren en zich overgeven, tussen 'neen' zeggen en zich instellen op de goddelijke wil.

Hoe gaat God hiermee om ? Hij neemt de menselijke vrijheid op in zijn plan. Het is een van de moeilijkst te doorschouwen vragen. Achteraf zullen de eerste christenen zeggen dat het Gods plan was dat Jezus de kruisdood stierf. Maar als dat Gods plan was, waarom had Jezus het dan van het begin af niet geweten ? Het is met Gods voorkennis gebeurd, zegt Petrus *(Hnd 2, 23; 4, 28)*. Was God er dan niet door verrast ?

Deze uitspraken van Petrus berusten eigenlijk op de kennis van het Oude Testament, want het Oude Testament heeft gesproken over het lijden van de Rechtvaardige met name in de Psalmen; maar ook in verband met de afwijzing van de profeten *(Js 53, 11-12; 57, 1)*. Als je het Oude Testament goed leest, dan zeg je: inderdaad, Jezus' lijden, Jezus' mislukking was voorspeld. Van de andere kant kun je toch niet zeggen dat Jezus het Oude Testament niet kent. En Hij is toch vol enthousiasme begonnen met zijn optreden, zonder de bijgedachte dat het toch ging mislukken !

We staan hier voor iets ondoorgrondelijks. Hoe gaan menselijke en goddelijke plannen samen ? We zijn als het ware in het bestaan geworpen met een zekere ruimte van vrijheid waar we ons kunnen ontplooien. Anderzijds is de vrijheid toch beperkt door de omstandigheden waarin we ons bevinden. Goddelijke en menselijke vrijheid: wordt God bepaald door ons of bepaalt God ons ?

Maar daaronder zit een nog veel moeilijker vraag: de vraag naar het lijden. Heeft God het lijden gewild ? Wil God het lijden ? Neen, zegt men, God wil dat niet, Hij heeft het lijden niet gewild.

Sommige theologen – ik denk aan het boekje van Harold S. Kushner, *Als het kwaad goede mensen treft*[6] – zeggen: 'God heeft zijn best gedaan met de schepping, maar Hij heeft niet alles kunnen voorkomen en er is toch een hoop ellende binnengeslopen, en God zit er zelf ook bij te huilen.'

Er zit heel veel moois in deze visie. Vooral het beeld: 'God zit er zelf bij te huilen', spreekt de moderne mens, met zijn behoefte aan empathie, enorm aan. De moderne mens heeft behoefte aan een invoelende God. In feite is ons in de menswording zo'n invoelende, menselijk meelevende God geschonken.

In de Hebreeënbrief staat het schitterend uitgedrukt: 'Omdat Hijzelf op de proef werd gesteld, precies zoals wij, is Hij in staat mee te voelen met onze zwakheid' *(Heb 4, 15)*. Had

God dan onze zwakheid niet kunnen voorkomen ? Of is onze zwakheid juist het gevolg van het feit dat wij stoffelijke wezens zijn ?
'De mens doet Gij weer worden tot stof; Gij spreekt: word weder stof, mensenkinderen' *(Ps 90, 3)*. Door het indalen in het stof zijn wij mensen, als beperkte wezens, onderhevig aan vergankelijkheid, aan lijden, aan sterven. Dit wil niet zeggen dat God in zijn scheppingsplan niet al te best geslaagd is. Integendeel, voortgekomen uit de volheid van God, is het ene licht nu gebroken in duizend kleurschakeringen, is de oneindigheid van het zijn nu uiteengevallen in talloze vormen. Te midden van al zijn medeschepselen in dit heelal is ook de mens omgeven door eindigheid en beperktheid, en dus vergankelijkheid. Met dit verschil echter dat de mens dit weet, dat hij zich schrijnend bewust is van zijn vergankelijkheid.
Daarmee begint trouwens het paradijsverhaal: zal het de sterfelijke mens mogelijk zijn toch onsterfelijk te worden ? Hoe zal het aflopen: het gevecht van de eindige mens om toch te delen in Gods onvergankelijkheid ? We vinden dit in de bijbel en ook in heel veel mythen terug, zoals bijvoorbeeld in het aangrijpende *Gilgamesj-epos*: Gilgamesj op zoek naar het onsterfelijkheidskruid. Als hij het na ongehoorde avonturen gevonden heeft, gaat het toch nog door een toeval verloren.
In het bijbelse paradijsverhaal gaat het niet om een toeval, maar om een bewuste keuze van de ongehoorzame mens. Omdat de mens zich niet schikt naar Gods woord, ontglipt hem de mogelijkheid zijn sterfelijkheid in onsterfelijkheid om te zetten.
Heel het verdere bijbelse verhaal staat onder de spanning van de vraag: zal het de mens mogelijk zijn toch weer tot zijn oorspronkelijke volheid terug te keren ? Het grandioze van het bijbelverhaal is juist dat die spanning bewaard blijft. Nooit wordt de volheid van God, zijn heiligheid en daarmee ook zijn almacht, prijsgegeven. Maar evenmin Gods bewogenheid om de lijdende mens. Die bewogenheid bereikt

haar hoogtepunt in de menswording Gods.
Het lijden noch de zonde worden herleid tot een soort absoluut beginsel van het kwaad, zoals in veel godsdiensten is gebeurd, omdat ze onverzoenbaar blijken met Gods goedheid. De zonde is inherent aan de menselijke vrijheid die de mens in staat stelde de autonomie van zijn beperktheid en eindigheid te handhaven, tegenover Gods uitnodiging om door onderschikking aan zijn wil tot de oorspronkelijke volheid van zijn onsterfelijkheid terug te keren. Daar ligt het dilemma van de mens: de autonomie van zijn eindigheid lijkt een compensatie te zijn voor zijn verlangen naar *on*eindigheid. Hij laat zijn visioen van echte onsterfelijkheid schieten, omdat hij verstrikt is geraakt in de illusie van zijn autonomie die hij in zijn eindigheid ontdekt heeft.

Keren we nu terug tot Jezus' bede in de Hof van Olijven die tevens Jezus' bede in het 'Onze Vader' geworden is: 'Uw wil geschiede.' Hiermee drukt Jezus uit: de totale onderschikking van de mens aan Gods wil die hem onsterfelijkheid, volheid van leven wil schenken. Eindelijk lukt Gods plan, komt zijn bedoeling met de mens tot een stralende uitdrukking. Maar het gebeurt niet in de paradijselijke toestand van onschuld en geluk. Het gebeurt in een menselijke conditionering die getekend is door dodelijke haat en afgunst. Zo ziet ons menselijk bestaan er in feite uit.
Het feit dat er nu eindelijk een mens is die zich invoegt in Gods wil, de mens Jezus, kan het lijden niet meer uitschakelen. Het drama van strijd en lijden waar de mens sinds de onheuglijke tijden van zijn oorsprong in is ondergedompeld, blijft bestaan. Wel wordt het menselijk lot getransformeerd. Lijden en dood hebben niet langer het laatste woord: de mens gaat niet langer gebukt onder de slavernij van zijn angst voor de dood. Door lijden en dood heen blijkt er een uitweg te zijn die toch tot de volheid van God voert. Het lijden dat de mens door zijn zondige afwijzing van Gods bedoeling bestendigd had, blijkt niet buiten God te vallen,

maar blijkt nu te worden opgenomen in Gods heilsplan en juist de toegang tot God te openen.
De verschrikkelijke botsing tussen Jezus' wil en de wil van de Vader wordt tot een overgave die het oervoorbeeld is van onze onderschikking aan Gods wil. De mens wordt het lijden niet ontnomen, want wat eerst leek af te sluiten voor God, wordt nu juist de toegang tot God. In de moed het lijden te doorstaan voegt de mens zich in Gods universele heilswil.
In de paasnacht zingen we van een 'felix culpa', een 'gelukkige schuld'. Het is een uitdrukking die je menselijkerwijs niet over je lippen kunt krijgen, want 'gelukkige schuld' is ook 'gelukkig lijden'. Maar de liturgie zingt vol van paasvreugde: 'gelukkige schuld' waardoor wij zo'n Verlosser kregen (paasjubelzang). De openbaring van Gods liefde is tot dimensies doorgestoten die zonder lijden en zonder zonde ondenkbaar waren.

Blijkbaar helpt de waarom-vraag naar het bestaan van zonde en lijden ons niet verder. Want zo stellen we de vraag vanuit ons verstand dat zichzelf tot middelpunt wil zijn. Alleen door de waartoe-vraag te stellen komt er een antwoord. Niet het antwoord dat wijzelf bedenken, maar dat God ons in zijn liefde openbaart: zonder zonde en lijden hadden we de totaliteit van Gods liefde niet gekend die tot zulke diepten kon doorstoten.
Gods wil blijkt uiteindelijk Gods liefde te zijn, zijn welbehagen dat doordringt in de diepste lagen van ons wezen, dat een antwoord van ons vraagt vanuit de diepste vezels van ons bestaan.

Met de bede 'Uw wil geschiede' sluit het eerste gedeelte van het 'Onze Vader'.

God, Gij hebt aan ons mensen het bewustzijn gegeven
dat wij bestaan,
en het vermogen om in vrijheid te willen en te kiezen.

God, leer mij uw wil te verstaan,
leer mij te kiezen voor U,
zoals Jezus uw Zoon zich heeft ingezet
voor het welzijn van mensen,
opgekomen is voor al wat arm,
zwak en klein is in deze wereld.
God, leer mij in de botsing van eigenwil en uw welbehagen
mijzelf prijs te geven, te sterven aan mijzelf.
Leer mij open te gaan in de ruimte
en de wijsheid van uw wil.
Leer mij me in te voegen in het plan van uw liefde
en mij over te geven aan wat Gij doet in mijn leven.
God, laat het eens heel diep waar zijn:
uw wil te doen is mijn vreugde !

Het dagelijks brood

In de tweede helft van het 'Onze Vader' staan we stil bij de symbolen uit ons aardse, dagelijks leven. 'Geef ons heden ons dagelijks brood': onze behoefte aan datgene wat ons bevredigt, vervult. 'Vergeef ons onze schulden': onze behoefte om onze gescheidenheid op te heffen. 'En leid ons niet in bekoring, maar verlos ons van het kwade': onze behoefte aan redding uit gevaren en bedreigingen.

Maar al zijn we op de aarde, de verbinding met de hemel blijft toch aanwezig: dit gebeurt omdat we ons tot de Vader richten met de vraag deze noden te lenigen.

De eerste bede waarop we ons gaan bezinnen is: 'Geef ons heden ons dagelijks brood.' De Vader wordt gevraagd te *geven*. We hebben al gezien dat 'geven' de Vader in diepste wezen karakteriseert. De Vader gebiedt, zoals we zagen, en Hij brengt scheiding teweeg; maar uiteindelijk brengt de Vader weer eenheid, is Hij oorzaak van de totaliteit. Dit gebeurt door het geven, het gratuite geven dat de schenker en de ontvanger in een diepe eenheid verbindt.

'Geef ons heden.' 'Heden': alleen voor dit moment vraag je brood. Je vraagt het voor vandaag. 'De dag van vandaag heeft genoeg aan zijn eigen zorgen' *(Mt 6, 34)*, voor morgen zien we wel weer verder. Maar het is wel het *dagelijks* brood dat je vraagt, je hebt het iedere dag nodig.

Deze bede karakteriseert de mens als een behoeftewezen. We zijn mensen met behoeften die vragen, schreeuwen om verzadiging. Brood staat voor voeding, voor de bevrediging van al onze behoeften, om in leven te blijven. Brood is het voedsel bij uitstek dat wij tot ons nemen. Brood verzadigt de honger van de mens. Maar wat is honger ? Heb je ooit weleens honger gehad ?

Degenen die de hongerwinter meemaakten in de oorlog, in de gebieden waar werkelijk honger was, hebben er wel iets van kunnen ervaren, en degenen die in een concentratiekamp gezeten hebben nog veel meer. We kunnen denken aan de uitgestrekte gebieden in onze wereld waar hongersnood is. Ook kunnen we erover lezen en zo een idee krijgen van wat honger kan zijn. Mensen die honger lijden praten doorgaans alleen maar over eten, dat is heel bekend. Men spreekt van een knagende honger waar je niet van afkomt. Ook bestaat er het gebruik je vrijwillig voedsel te ontzeggen. Het is merkwaardig dat alle grote godsdiensten het verschijnsel 'vasten' kennen als een weg van inkeer en gebed. Geleidelijk is dat verschijnsel in onze geseculariseerde maatschappij zo goed als verdwenen. De islam kent het nog: de maand ramadan. De katholieke Kerk heeft het vasten nog heel lang gehandhaafd, maar uiteindelijk zijn op een paar uitzonderingen na (Aswoensdag en Goede Vrijdag) alle voorschriften betreffende het vasten opgeheven.

Maar vanuit een heel onverwachte hoek, namelijk vanuit de natuurgeneeswijze, is het vasten weer teruggekomen. Natuurartsen zeggen: het teveel aan voedsel dat bovendien te vlug gegeten en niet verteerd wordt, veroorzaakt een gistingsproces in onze darmen en blijkt een van de belangrijkste oorzaken van ziekte te zijn. Vandaar dat een aantal natuurartsen teruggekomen is op vasten als een natuurgeneeswijze.

Het wonderlijke daarbij is dat ze een onderscheid maken tussen vasten en hongeren: hongeren is gedwongen, vasten is vrijwillig. Het valt op hoe het menselijk organisme heel anders reageert op hongeren dan op vasten. Wat gebeurt er namelijk als er geen voedsel vanbuiten komt ? Omdat ons lichaam nu eenmaal voedsel nodig heeft, ontstaat er een soort autokannibalisme waardoor de mens zichzelf gaat opeten. Bij een gedwongen honger blijf je je verzetten: je kunt niet accepteren dat je honger moet lijden. Wat gebeurt er dan ? Allereerst worden de onontbeerlijke weefsels aangetast, het organisme grijpt als het ware in zijn vertwijfeling naar de weefsels die het meest nodig zijn.

En wat gebeurt er bij het vasten dat vanbinnen uit gekozen

wordt ? Dan worden eerst de zieke weefsels en alle resten van het slechte verteringsproces in de darmen opgegeten, zodat het vasten een reinigende werking heeft op het lichaam. De zieke weefsels worden geleidelijk aan uitgestoten. Dat is de grote ontdekking geweest van de natuurartsen. Ze hebben ontdekt dat, wanneer de innerlijke instelling zuiver is, dit op het organisme een genezende uitwerking heeft. De innerlijke geneesheer treedt in werking.[7]
In de bijbel staat dat God geneest *(Ex 15, 26)*. Dat genezen door God gaat niet buiten ons om, maar gaat als het ware door een instantie in onszelf heen. Je zou die instantie de innerlijke genezer kunnen noemen, de innerlijke arts, die op een heel diep niveau waarneemt wat er in het organisme gebeuren moet en die de schadelijke, zieke weefsels verwijdert en het lichaam reinigt. Zo krijgt het vasten een reinigende, genezende werking.
Een dergelijk vasten is echter alleen mogelijk, als er in de mens een innerlijke houding aanwezig is van zich openstellen voor hogere waarden. Dat is het wonderlijke: de mens kan zijn behoeften richten op een hogere wijze van vervullen, bijvoorbeeld zijn behoefte aan cultuur, aan schoonheid, wetenschap en filosofie. Ook op moreel niveau kan hij komen tot een hogere verwerkelijking van zichzelf. Dat kan ook gebeuren naar het spirituele, het religieuze niveau.
De mens is bereid zich veel te ontzeggen en zich een strenge ascese op te leggen, als er maar een diep religieuze, spirituele bevrediging tegenover staat. Ook eer die iemand op cultureel niveau nastreeft, stelt hem in staat enorme ontberingen te doorstaan. Denk bijvoorbeeld aan de ascese die musici moeten opbrengen om te kunnen optreden ! In allerlei cultuuruitingen kun je dit terugvinden. De behoefte wordt als het ware verplaatst. De bijbel zegt het ons ook: 'De mens leeft niet van brood alleen' *(Dt 8, 3; Mt 4, 4; Lc 4, 4)*.
In de bede 'Geef ons heden ons dagelijks brood' worden we ons bewust van onze behoefte. We worden er ons ook van bewust dat we ons de materiële vormen van voeding kunnen ontzeggen om op een hoger niveau gevoed te worden.

Langzaam aan ontdekken we dat er hogere vormen van voeding zijn. Jezus zegt in het evangelie van Johannes: 'Ik ben het brood des levens' *(Joh 6, 35.48)*. Jezus is de diepste vervulling van onze behoeften. Hij is het die onze behoefte aan verzadiging, aan vervulling tegemoet komt, ons als behoeftewezens accepteert, maar dan op een heel diep niveau. Het gaat om iets heel anders dan het vullen van geopende vogelbekjes; is het geopende vogelbekje niet een sprekend symbool van wat wij als behoeftewezens zijn ?
Jezus vervult onze behoefte aan liefde die wel onze diepste behoefte is. Hij leert ons onze behoeften te overstijgen in zelfgave aan de ander. Hij vormt onze behoefte om en maakt ons tot mensen die in staat zijn te geven.
Voor we dit verder uit gaan werken, zullen we ons eerst bezinnen op de symboliek van 'brood'. Dan blijkt dat de mens niet alleen behoefte heeft aan verzadiging van zijn honger, maar dat hij ook een diep verlangen in zich voelt om zich als mens te ontplooien, om voluit mens te worden. Voor het omvormingsproces dat hij daartoe moet doormaken, kan de totstandkoming van het brood symbool staan. We zullen daarom eerst eens nagaan hoe brood tot stand komt, welke processen, welke fasen daarvoor nodig zijn.
De eerste fase is de fase van zaad naar vrucht: de graankorrel valt in de aarde en wordt een halm, een aar die nieuwe vrucht draagt.
Tweede fase: de verschillende graankorrels worden geplet, samengevoegd om meel te worden.
De derde fase is de fase van meel naar deeg.
En ten slotte is er de vierde fase: het bakproces waarbij het deeg de oven ingaat om brood te kunnen worden.
Elke fase heeft haar eigen, zeer mooie symboliek die verwijst naar het menselijk omvormingsproces.

In de eerste fase zien we het zaad dat in de aarde valt en helemaal schijnt te verdwijnen. Het wordt één met de humus: de vochtige, donkere grond. Maar wanneer de lente komt, en de zon gaat schijnen en als een bruidegom licht en

warmte geeft aan de aarde die de bruid is, ontkiemt het zaad, groeit en krijgt de kracht om vrucht te dragen. Een prachtig beeld !
We kunnen dit vergelijken met de mens die in de eerste fase van zijn ontplooiing eerst moet sterven aan zichzelf, het gevoel heeft helemaal te verdwijnen, niets meer te zijn, en pas na een donkere periode weer het Licht ontdekt, tot leven komt, en vruchtbaar wordt. Door het sterven heen wordt de mens vruchtbaar, gaat hij daadwerkelijk vrucht dragen.
Jezus spreekt in het Evangelie van honderdvoud. Dat is onvoorstelbaar veel *(Mt 13, 8.23; Mc 4, 8; Lc 8, 8)* ! In die tijd, zegt men, was de normale opbrengst zeven en een half maal het zaad. Wanneer het zaad het Woord is dat Jezus spreekt, dan kan de opbrengst dertig-, zestig-, honderdvoudig zijn !
De natuur leert ons dus dat we moeten sterven aan onszelf.

De tweede fase: van graankorrel naar meel. Het graan bestaat uit talloze korrels die worden geplet om meel te worden. Ook hierin zit de symboliek van het stervensproces dat de enkeling moet doormaken om deel te worden van de gemeenschap. Paulus wijst erop: 'De vele graankorrels vormen samen één brood' *(1 Kor 10, 17)*.
We zijn allemaal, hoe verschillend ook, geroepen om gemeenschap te vormen; pas in het vormen van gemeenschap worden we wie we zijn. Het proces van leren leven als lid van een gemeenschap vraagt om te sterven aan eigen behoeften en te leven voor anderen. Dit houdt in: het accepteren van het anders-zijn van de ander. Zo wordt de mens omgevormd van een vragende tot een gevende mens.

De derde fase is die van meel tot deeg. Door de rijzende kracht van de gist rijst het deeg. Zo werkt het koninkrijk Gods als een kracht van vertrouwen die aan de gemeenschap groeikracht geeft, en allerlei nieuwe mogelijkheden opent van uitbreiding en ontplooiing (vgl. *Mt 13, 33; Lc 13, 21*).

Ten slotte de vierde fase, het bakproces. Het bakproces wordt in de bijbel niet zo uitdrukkelijk beschreven. Wat gebeurt daarbij ? Het deeg gaat de oven in en wordt blootgesteld aan het vuur. Waarom ? Om duurzaamheid te bewerken. Nadat het deeg door het vuur is gegaan, wordt het brood duurzaam, kun je het brood ook bewaren.
Men zou dit bakproces kunnen vergelijken met het vuur van de beproeving dat aan de mens de weg leert van uitzuivering, van echtheid, van volharding. Pas door de beproeving heen ontvangt de mens de bevestiging van wie hij werkelijk is.

Als we al deze fasen beschouwen, blijkt brood niet alleen een symbool te zijn van de vervulling van menselijke behoeften: het verwijst ook naar de diepgaande processen die de mens moet doormaken, wil hij tot de vervulling komen die voor hem bestemd is.
Hier vinden we een antwoord op de vraag die bepaalde godsdienstcritici hebben gesteld. Zij menen dat de mens in zijn ontvankelijkheid naar God toe een infantiel wezen blijft, met andere woorden: niets meer dan het vogeltje met zijn open bekje, wachtend tot het bekje gevuld wordt. Ze zeggen dat godsdienst de mensen onvolwassen houdt.
De vraag is dus: hoe moet de mens leren zijn verantwoordelijkheid op zich te nemen ? Het is daarom goed even stil te staan bij de verantwoordelijkheid die van de mens gevraagd wordt.
Mogen we wel aan God vragen om brood, moeten wij daar niet zelf voor zorgen ? Het antwoord is dat we er inderdaad zelf voor moeten zorgen. In de menselijke cultuur ligt de opdracht besloten zelf voor ons voedsel te zorgen. We zijn immers niet alleen dat vogeltje met zijn open bekje, we blijven niet de kinderen voor wie vader en moeder wel zorgen. De mens wordt ook zelf vader en moeder en heeft als taak zelf leven door te geven.
Als er dus gebeden wordt: 'Geef ons heden ons dagelijks brood', dan is de mens niet alleen dat infantiele, ontvanke-

lijk kind, dat behoeftewezen, maar is hij ook zelf vader en moeder, is hij zelf gevend geworden. De mens deelt in datgene wat zo karakteristiek is voor de Vader, namelijk het geven. Dit wordt uitgedrukt in de verschillende processen die plaatshebben vooraleer brood brood wordt.

Wanneer wij puur bij onze eigen behoeften blijven stilstaan, blijven we infantiel. Maar wanneer wij ook zelf leren te geven, ontdekken we dat onze behoeften op een hoger niveau vervuld worden. Vader- en moeder-zijn schenkt voldoening. Dit is niet alleen zo in een gezin, je kunt ook op andere manieren vader of moeder zijn, en leven doorgeven aan anderen.

Betekent dit nu dat God op een bepaald moment wordt afgeschreven, dat godsdienst behoort tot een kinderlijke, infantiele wijze van bestaan ?

In de geschiedenis zien we dat er fasen zijn geweest van zó'n cultuuroptimisme dat God helemaal verdween. De mensen konden de meeste van hun problemen zelf wel oplossen, en de problemen die overbleven zouden binnen enkele jaren ook wel op te lossen zijn. We hebben dat meegemaakt in de jaren zestig: er ontstond toen een zeer zelfbewuste cultuur. Totdat de schok kwam: elk opgelost probleem bleek de oorzaak van een aantal nieuwe problemen.

Om één voorbeeld te noemen: het toenemende auto- en vliegverkeer. De mens kan zich dankzij auto en vliegtuig weliswaar snel over de hele wereld verplaatsen (een opgelost probleem), maar deze moderne vervoermiddelen blijken veroorzakers van milieuverontreiniging en geluidsoverlast (een nieuw probleem).

Naast het cultuuroptimisme ontstond zo het doemdenken. We zijn terechtgekomen in een spiraal die leidt naar de ondergang van de mensheid. Enkele voorbeelden daarvan: milieuverontreiniging, kernbewapening en bevolkingsexplosie.

Blijkbaar hebben de mensen toch vertrouwen nodig in een God die leven geeft, in een of andere Oorsprong, in een Kracht die zin en leiding geeft aan de ontwikkeling van de mensheid. *God geeft.* Wanneer het alleen van ons zou afhangen, blijken de problemen zo omvangrijk dat we in een angstpsychose terechtkomen, in een sfeer van negatief denken, die alleen al als mentaliteit een vernietigende werking heeft.

Hoe komen we tot een houding van vertrouwen ?

Ik sprak reeds over het leren geven als uiting van volwassenheid. In de zorg voor de ander leert de mens pas echt zijn verantwoordelijkheid op zich te nemen. Dit gebeurt van mens tot mens. Maar in onze moderne maatschappij is het anders. Door het collectieve opdrijven van behoeften die steeds maar verzadigd moeten worden, blijft de mens steken in een infantiel stadium: consumptie is het grote doel waar alle produktie op gericht is.

Soms krijg je de indruk dat de huidige reclame niet langer informatie is, maar een soort vergoddelijking van het produkt door de erotische en soms bijna religieuze sfeer waarmee het aangeprezen produkt wordt omgeven. De suggestiviteit die van reclame uitgaat, heeft veel weg van een proces van hersenspoeling. Heel veel problemen komen voort uit de technische vooruitgang die een steeds perfecter behoeftebevrediging mogelijk moet maken.

Maatschappelijk gezien is de moderne mens er nog lang niet aan toe te leren geven, echt bekommerd te zijn om het welzijn van de ander. Er is te weinig zorg voor een leefsfeer in de maatschappij, die het welzijn van de medemens mogelijk maakt. Blijkbaar is het groeien naar volwassenheid in het leren geven nog maar heel beperkt. Of moeten we misschien zeggen: als de mens niet verbonden blijft met zijn goddelijke oorsprong, kan zijn houding van geven niet echt tot volheid, tot volwassenheid komen ?

Alleen door de verbondenheid met God, door het grote voorbeeld van Jezus heen, is de mens in staat zo aan zichzelf te sterven dat hij echt gericht wordt op de ander. Jezus is het 'levensbrood' door zijn zelfgave in de dood. Zijn liefde vormt de meest totale vervulling van de behoeften van het menselijk hart. Alleen als deze liefde ook het maatschappe-

lijk omgaan van mensen met elkaar gaat bepalen, kunnen de doodsdreiging die over de mensheid hangt en het doemdenken dat ons vergiftigt, overwonnen worden.
We zouden kunnen zeggen dat het vieren van de eucharistie het oerbeeld is van het maatschappelijk omgaan van mensen met elkaar. Alleen dan kan Gods scheppingsplan met de mensheid tot vervulling komen.
Zo blijkt dat deze bede van het 'Onze Vader' een wegwijzer is naar wat Jezus ons heeft willen zeggen: 'Ik ben het brood des levens' *(Joh 6, 35)*. Jezus' liefdegave betekent de uiteindelijke vervulling van het menselijk hart, maar bovendien de leefbaarheid van een mensenmaatschappij waar de zorg voor anderen belangrijker is dan het opdrijven van produktie door alsmaar de behoeften te vergroten.
Pas in de liefdegave aan elkaar groeit de mens uit tot de volwassen verantwoordelijkheid. Deze liefdegave is alleen mogelijk in verbondenheid met de Bron tot wie wij ons richten in onze bede om dagelijks brood.

God, onze Vader, Gij zijt een gevende God,
onuitputtelijke Bron van alle goedheid.
God, wij vragen U:
geef ons wat ons lichaam nodig heeft,
geef ons ook het onvergankelijk voedsel
waar onze ziel naar hongert.
God, maak ons bewust van de noden van onze medemensen
en vorm ons zo om dat wijzelf brood worden voor elkaar,
zoals Jezus ons heeft voorgedaan.
God, leer ons zó aandachtig, zorgend,
bron van liefde te worden voor elkaar
dat het plan van uw liefde
gestalte kan krijgen in deze wereld.

Schuld aan God en schuld aan elkaar

In de bede: 'Vergeef ons onze schulden, zoals ook wij onze schuldenaars hun schuld vergeven', gaat het om schuld. Schuld veronderstelt dat de mens aansprakelijk is. Aansprakelijkheid karakteriseert de mens in zijn verantwoordelijkheid, in zijn rechten en plichten.

Behoeften heeft de mens gemeen met het dier, eventueel met de plant. Maar de mens onderscheidt zich van dier en plant. Als behoeftewezen draagt de mens reeds een eigen verantwoordelijkheid, omdat de manier waarop hij zijn behoeften vervult, een bewuste daad is; en daarop kan hij worden aangesproken.

Zoals gezegd: aansprakelijkheid karakteriseert de mens in zijn verantwoordelijkheid; als 'ik-wezen' is de mens zich daar ook van bewust. De mens is aansprakelijk, eerst in deze zin: jij bent degene die de daad gesteld heeft. Vervolgens kan worden bekeken hoever die aansprakelijkheid strekt, in hoeverre de mens zich van zijn verantwoordelijkheid bewust is.

De mens wil ook erkenning in de rechten en plichten die hij heeft en die hem met zijn verantwoordelijkheid en aansprakelijkheid zijn meegegeven. Als de mens in een gemeenschap leeft waar onderlinge relaties ontstaan, wil hij worden erkend in de rechten die hij heeft. De mens heeft het recht mens te zijn en vraagt van daaruit dat dit recht ook wordt geëerbiedigd. Van de andere kant heeft hij natuurlijk ook de plicht de rechten van de anderen te eerbiedigen.

Wanneer we het woord 'schuld' horen, gaat het over deze situatie van de mens: de mens in gemeenschap, de mens die verlangt naar erkenning, een erkenning die geregeld wordt door een systeem van recht, dat wil zeggen: door een wetgeving en bovendien door een rechtspraak die die wetgeving garandeert.

Aansprakelijkheid is het dus wat in deze bede wordt verondersteld. Maar ook het feit dat de mens faalt in het vervullen van datgene waarvoor hij aansprakelijk is. De mens moet zorgen dat hij de wet onderhoudt, dat hij de andere mensen respecteert; hij moet respect hebben voor de andere mensen maar ook voor God, want God heeft evenzeer zijn rechten in de mensenmaatschappij.

Er wordt echter verondersteld dat we falen, want we moeten bidden om vergeving. Blijkbaar hebben we vergeving nodig van God en tevens de opdracht elkaar te vergeven. Als wij om vergeving bidden, wil dat natuurlijk niet zeggen dat we alle vrijheid hebben om maar een loopje te nemen met onze plichten, omdat er toch wel vergiffenis is. Ik denk dat we deze bede om vergiffenis veeleer moeten verstaan vanuit het feit dat Jezus onze plichten radicaliseert.
Lezen we de Bergrede *(Mt 5-7)*. Wat legt Jezus ons eigenlijk op ? Hoever gaan onze verplichtingen ? In de loop der tijden is daar een hele pennestrijd rond geweest. Meestal gaan we ervan uit dat men met een wet alleen maar kan verplichten tot uiterlijke daden.
Jezus opent in de Bergrede het perspectief op een heel bewustzijnsproces. Je moet met je emoties in het reine komen. Met je agressie: 'Wie vertoornd is op zijn broeder, zal strafbaar zijn voor het gerecht' *(Mt 5, 22)*; met je begeerte: 'Al wie naar een vrouw kijkt om haar te begeren, heeft in zijn hart al echtbreuk met haar gepleegd' *(Mt 5, 28)*; en als je nog verder leest, ook met je zorgen: 'Wees niet bezorgd voor uw leven, wat ge zult eten of wat ge zult drinken, en ook niet voor uw lichaam, wat ge zult aantrekken' *(Mt 6, 25)*. Dit is iets dat je niet meer in regels kunt vastleggen.
Wat bedoelt Jezus daarmee ? Wil Jezus ons overladen met schuld, met schuldgevoelens ? Als we bidden in het 'Onze Vader': 'Vergeef ons onze schuld', dan wordt inderdaad de schuld geradicaliseerd, krijgt ze iets oneindigs. We kunnen niet meer voor God verschijnen als mensen die tegen God zeggen: 'Kijk, dat heb ik allemaal gedaan.'

Dit gebeurt in de parabel van de Farizeeër en de tollenaar *(Lc 18, 9-14)*. De Farizeeër wordt er geschilderd niet alleen als iemand die al zijn verplichtingen nakomt, maar zelfs als iemand die zichzelf nog een toemaat oplegt: tweemaal per week vasten enzovoort. Feitelijk verschijnt hij voor God als het ware met al zijn betaalde rekeningen, en gaat er prat op dat alles is afbetaald ! En dan stelt Jezus een tollenaar als voorbeeld, iemand die zoveel mensen heeft afgeperst, die zo onrechtvaardig is geweest dat restitutie gewoon onmogelijk is geworden. Zolang er geen restitutie heeft plaatsgevonden, blijft hij daar als schuldenaar staan; hij heeft alleen maar onafgeloste schulden. Beiden staan voor God.
Als dan wordt gevraagd: wie wordt vrijgesproken ? Wie staat nu in de juiste verhouding tegenover God ? Is dat de mens met al zijn betaalde rekeningen, of is het degene die niet betalen kán ? Dan is het wondere antwoord van Jezus: 'De mens die niet betalen kan, wordt vrijgesproken.' Waarom ? Omdat die mens in de juiste verhouding komt tegenover God, die wordt uitgedrukt door de bede: 'God, wees mij, zondaar, genadig.'
Blijkbaar is het juist dát, wat Jezus aan ons leren wil: we staan voor God in het besef van een schuld die niet te betalen is en die God toch vergeeft. Ik denk dat we dat langs twee kanten kunnen bekijken: langs de kant van de Bergrede waarin Jezus het proces van zuivering laat zien dat we doormaken, en langs de kant van God als barmhartige, vergevende Vader.
In de Bergrede opent Jezus voor ons het perspectief van een zuiveringsproces. Dit houdt in dat we met onze emoties moeten klaarkomen. Daar reeds wordt bekering, uitzuivering gevraagd: 'Zalig de zuiveren van hart.' Tegelijk leert de uitspraak: 'Zalig de armen van geest', ons te beseffen dat wij uit onszelf daar nooit mee klaarkomen, daar in zekere zin ook niet mee hóéven klaar te komen, want Jezus leert ons als zondaar voor Gods aanschijn te treden.
Wij hoeven niet met betaalde rekeningen aan te komen. In onze zondigheid mogen wij voor God verschijnen en er dan

op vertrouwen dat we in God niet alleen de rechtvaardige Rechter ontmoeten die precies kijkt naar wat al dan niet betaald is, maar dat we in Hem ook de barmhartige Vader ontmoeten.

Al eerder hebben we het gehad over het woord 'Vader'. In God, de barmhartige Vader, ontmoeten we Degene die na de scheiding waarin we geplaatst werden voor onze verantwoordelijkheid, opnieuw de eenheid bewerkt. Het woord 'scheiding' heeft juist te maken met aansprakelijkheid. 'Scheiding' wil zeggen: ik word op mijn eigen individualiteit teruggegooid waarin ik mij bewust word van mijn rechten en mijn plichten.

De aardse vader die de wet vertegenwoordigt, heeft de scheiding bewerkt, maar – en dat is het perspectief van de Vader dat Jezus ons laat zien – de hemelse Vader bewerkt opnieuw de eenheid, de totaliteit. Hoe bewerkt Hij die ? Door de vergeving, de barmhartigheid.

Daarom vat deze bede van het 'Onze Vader' eigenlijk de kern van Jezus' prediking samen over Gods vergevende liefde, en is deze bede tevens de kern van heel Paulus' prediking over de rechtvaardiging als genade. Dat is het wat de apostel heel sterk benadrukt heeft, vooral in zijn Brief aan de Romeinen. Hoewel Paulus daarbij een eigen terminologie gebruikt, komt het helemaal overeen met wat Jezus ons leert in de parabel van de verloren zoon *(Lc 15, 11-32)*. De verloren zoon wordt begenadigd en ontmoet God veel, veel dieper dan de zoon die thuisgebleven was, en die zei: 'Ik heb toch al mijn plichten gedaan ? Ik heb alles betaald, ik heb nooit iets fout gedaan.'

Er is een heel stuk van de Vader dat de thuisgebleven zoon ontgaat en dat de verloren zoon wél leert kennen. Deze leert de Vader kennen in een dimensie die voor de oudste zoon volkomen afgesloten blijft.

Langs deze twee kanten radicaliseert Jezus dus 'schuld'. Door ons het enorme zuiveringsproces te leren dat wij hebben door te maken: in ons staan voor God gaat het niet alleen om onze uiterlijke daden maar evenzeer om onze

innerlijke daden, om het hele bewustzijnsproces van zuivering.
En ten tweede: in onze relatie met God is het juist belangrijk dat wij onszelf als zondaar leren erkennen, omdat we dan pas Gods barmhartigheid kunnen ervaren, omdat we dan pas de diepte in onze relatie met God leren beleven, namelijk het zien en erkennen van eigen zondigheid en het van daaruit openstaan voor het totaal gratuite ontvangen van Gods genade. Als er geen zonde was, hadden wij de diepte van Gods barmhartigheid nooit leren kennen, de oneindigheid van zijn genade nooit kunnen ontdekken.
Maar het is voor het menselijk 'ik' geen kleinigheid om het besef van zijn zondigheid toe te laten. Schuldgevoelens zijn heel destructief wanneer mensen ermee worstelen zonder Gods barmhartigheid te ontdekken; worstelen met schuldgevoel kan een heel pijnlijke worsteling zijn. Het antwoord dat we meestal krijgen vanuit therapie of psychiatrie is: 'Schuldgevoelens zijn vals, ze zijn iets ziekelijks, leer je schuldgevoelens los te laten.'
Soms kan het inderdaad het geval zijn dat je valse schuldgevoelens hebt. Maar dat is toch niet het laatste woord. Het laatste woord is het woord dat Jezus spreekt, het woord van goddelijke vergeving.
Nu kan de vraag opkomen: als de mens alleen maar zijn schuld moet erkennen en Gods barmhartigheid dan gratis kan ontvangen, blijft hij dan geen infantiel wezen ? Dat is natuurlijk de vraag die bij het hele 'Onze Vader' speelt. Dat is ook de kritiek vanuit een psychologie, vanuit een filosofie die opkomt voor de volwassenheid van de mens. Blijft de mens in het smeekgebed een infantiel wezen, blijft hij als het kleine kind dat nog van de ouders afhankelijk is en dat die afhankelijkheid gewoon naar God toe projecteert ? Blijft de mens infantiel in die zin dat hij eigen verantwoordelijkheid niet durft op zich te nemen ? Maar waar de mens aansprakelijk gesteld wordt, moet hij zijn eigen verantwoordelijkheid op zich nemen. Alleen zo kan hij volwassen worden. Het is eigen aan de mens als 'ik-wezen' te reflecteren op

zichzelf. Dat gebeurt op het niveau van waarheid waarin ik tot de ontdekking en zekerheid kom van wat waar is en wat onwaar. Het gaat hier uiteraard niet om waarneembare feiten, maar om diepmenselijke werkelijkheden. Waarheid is iets dat ikzelf inzie, dat hoeft een ander mij niet te vertellen. Mijn verstand spiegelt. Het licht van mijn verstand vertelt mij dat bepaalde uitspraken zonder meer waar zijn, bijvoorbeeld: het geheel is groter dan ieder van zijn onderdelen. Ik word mij daarin bewust dat ik een kennend wezen ben. Ditzelfde geldt waar ik mij bewust word van wat ik voel, en het geldt ook op het niveau van mijn aansprakelijkheid. Vanuit mijn relatie met mijn medemens word ik bewust dat ik rechten heb en plichten. Dat bewustzijn maakt mij tot een volwassen mens die zijn verantwoordelijkheid beseft.

Nu stellen we opnieuw de vraag: doet bidden om Gods vergeving geen afbreuk aan mijn volwassenheid ? Dezelfde vraag kwam ook al ter sprake bij de bede: 'Geef ons heden ons dagelijks brood.' Doet bidden om ons dagelijks brood afbreuk aan onze volwassenheid ? We zagen dat wij, juist als volwassen mensen, mogen delen in het geven dat zo karakteristiek is voor de Vader. Uitdrukkelijk werd dit echter in die bede niet gezegd. Maar in de volgende bede: 'Vergeef ons onze schulden, zoals ook wij onze schuldenaars hun schuld vergeven', wordt dit wel gezegd. Het wordt bovendien niet alleen maar genoemd; Gods vergiffenis wordt zelfs afhankelijk gemaakt van ons vergeven !

Reden genoeg om hierbij stil te staan, want hier wordt iets heel belangrijks gezegd. Er wordt ten eerste gezegd dat wij blijkbaar ook kunnen, mogen en zelfs moeten vergeven. Vergeven: zo karakteristiek voor God ! Het meest karakteristieke van Jezus' verkondiging is de openbaring van Gods vergevende liefde. Natuurlijk is dit in het Oude Testament ook reeds aanwezig, evenals in andere grote wereldgodsdiensten, in de ene meer, in de andere misschien minder. De radicaliteit waarin Jezus het gebracht heeft, is echter zonder weerga, zo aangrijpend als Hij de liefde van de Vader schildert voor de verloren zoon ! Deze staat hierin model voor iedere zondige mens die zich zijn zondigheid bewust wordt.

In de parabel van het verloren schaap *(Mt 18, 12-14; Lc 15, 1-7)* en de verloren drachme *(Lc 15, 8-10)* gaat het om de vreugde van God. Wat verloren was, werd teruggevonden ! Het laat iets zien van Gods vreugde bij het terugvinden van de verloren mens. In de parabel van de verloren zoon *(Lc 15, 11-32)* gaat het heel en al om de barmhartige liefde van God voor de zondige mens. De jongste zoon die alle gevoel voor verantwoordelijkheid liet varen, ervandoor ging en heel zijn vermogen verbraste, die zoon wordt bij zijn terugkeer omhelsd en voor hem wordt een feestmaal aangericht. Dit is het beeld dat Jezus ons schenkt van Gods barmhartigheid ! Dit is de kern van Jezus' verkondiging van de Vader. En daarin mogen, kunnen, ja moeten wij God navolgen.

Kunnen we dan zeggen dat God de enige is die vergeeft, en dat wij alleen maar ontvankelijk kunnen zijn ? Inderdaad, wij moeten heel en al ontvankelijk zijn. Maar wat betekent onze ontvankelijkheid ? Ontvankelijk-zijn voor God betekent dat wij ook in Gods vergeven mogen participeren, ook een beetje zelf God mogen zijn. 'Vergeef ons onze schulden, zoals ook wij onze schuldenaars hun schuld vergeven.'

In deze bede wordt ons participeren in God wel het duidelijkst uitgesproken. Daarbij komt nog dat vergeven voor ons, mensen, wel het moeilijkste is. Er zijn heel wat mensen die het 'Onze Vader' wel een mooi gebed vinden, maar die stoppen bij deze bede. Sint-Benedictus zegt in zijn Regel (hoofdstuk 13) dat de reden om het 'Onze Vader' tweemaal daags, in de morgendienst en in de avonddienst, plechtig te bidden, juist de voortdurende doorntjes van ergernis zijn, die eigen zijn aan een gemeenschapsleven. Benedictus gebruikt dit woord – doorntjes van ergernis – in zijn Regel niet voor niets: je irriteert elkaar voortdurend. Het belangrijkste dat je doen moet, is tweemaal per dag, 's morgens en 's avonds, elkaar vergeven. Dan participeer je juist in het meest bijzondere dat God eigen is: vergeven.

Het is heel opvallend dat in beide gevallen waar Jezus in het Evangelie heel uitdrukkelijk zegt: 'Uw zonden zijn u vergeven', de twijfel en het verzet bij zijn toehoorders opkomen: kan een mens vergeven ? Het betreft de zondige vrouw die bij Jezus komt om Hem te zalven. Jezus zegt haar: 'Uw zonden zijn u vergeven.' En tot de Farizeeër: haar dankbaarheid voor de zondenvergiffenis brengt haar veel dichter bij Mij dan jouw koele afstandelijkheid waarin je Mij niet nodig hebt *(Lc 7, 44-48)*.
Een tweede maal spreekt Jezus dit bevrijdende woord bij de genezing van de lamme *(Mt 9, 2-8; Mc 2, 3-12; Lc 5, 18-26)*. Jezus vergeeft de lamme, en ook hier horen we de reactie van de schriftgeleerden en de Farizeeën: 'Hij lastert God.' Zij vinden dat dat gewoon niet kan: de mens kan helemaal niet vergeven. Jezus geneest dan de lamme uitdrukkelijk, als een soort garantie zou je bijna zeggen: als Ik deze lamme kan genezen, dan blijkt daaruit dat zondenvergiffenis ook mogelijk is. En als die lamme genezen is, zo lezen we bij Marcus en Lucas, roepen de mensen vol verbazing uit: 'Zoiets hebben we nog nooit gezien' *(Mc 2, 12)*, 'Wij zijn vandaag van ongehoorde dingen getuigen geweest' *(Lc 5, 26)*. Matteüs verhaalt evenwel dat 'de menigte door ontzag bevangen werd en God verheerlijkte die zulk een macht gegeven had aan mensen'. Op een heel subtiele manier wordt hier aangegeven dat God ook aan mensen de macht geeft om zonden te vergeven !
Verder valt op in de versie van het 'Onze Vader' door Matteüs dat er het woordje 'zoals' staat: 'Vergeef ons onze schulden, *zoals* ook wij onze schuldenaars vergeven.' Dit woordje zijn we al eerder tegengekomen in het 'Onze Vader': 'Uw wil geschiede op aarde *zoals* in de hemel.' Matteüs gebruikt hier het woordje 'zoals' om aan te geven dat de hemel model staat voor de aarde.
Het woordje 'zoals' is theologisch een zeer geladen woord, vooral ook in het evangelie van Sint-Jan: 'Heb elkaar lief, zoals Ik u heb liefgehad,' *(Joh 15, 12)* zegt Jezus. Jezus' liefde is dus model voor onze liefde. 'Zoals de Vader Mij heeft

liefgehad, zo heb ook Ik u liefgehad. Blijf in mijn liefde' *(Joh 15, 9)*: de Vader staat weer model voor Jezus' liefde.
Het is trouwens karakteristiek voor Johannes dat hij heel gewone woorden gebruikt, met een zeer sterke theologische lading. Zoals de Vader model is voor Jezus, zo is Jezus weer model voor ons.
Dat komt overeen met het woord dat Paulus gebruikt: beeld van God. Jezus is beeld van God *(2 Kor 4, 4; Kol 1, 15)* en wij moeten in dat beeld worden omgevormd *(2 Kor 3, 18; Kol 3, 10)*, wij zijn tot dat omvormingsproces geroepen.
Maar in deze bede, over het vergeven, vinden we het omgekeerde. Er staat niet: 'Geef ons de kracht onze schuldenaars te vergeven, zoals Gij ons vergeeft.' Want dit zou betekenen dat we beseffen dat we elkaar moeten vergeven, maar dat we dat volstrekt niet kunnen en dan ook vragen om te leren vergeven zoals God ons vergeeft. Gods vergiffenis staat dan model voor onze vergiffenis.
Dat had heel goed gekund, denk ik. Maar toch heeft Jezus het zo niet geformuleerd. Voelen we het verschil ? Het is iets heel anders te bidden: 'Leer ons elkaars schulden te vergeven, zoals Gij aan ons onze schulden vergeeft', dan: 'Vergeef ons onze schulden, zoals ook wij onze schuldenaars hun schuld vergeven.' Jezus stelt onze vergiffenis tot *maat* van Gods vergiffenis. Daar wordt ongelooflijk veel mee gezegd !
'Vergeef ons onze schulden, *zoals* (zoals = het model) ook wij onze schuldenaars vergeven.'
Maar dat kan gewoon niet, dat kunnen we niet waarmaken. Kunnen wij model voor God zijn ? Dat is inderdaad niet Jezus' bedoeling. 'Zoals' slaat hier eerder op onze ontvankelijkheid: we kunnen Gods vergeving niet toelaten, we kúnnen zijn vergeving niet ontvangen zolang wij elkaar ook niet vergeven.
We zien dit in de beroemde parabel die Jezus uitspreekt als antwoord op Petrus' vraag: 'Hoe vaak moet ik vergeven ?' *(Mt 18, 21)*. Petrus stelt deze vraag aan Jezus en voegt eraan toe: 'Tot zevenmaal toe ?' Heeft Petrus dit echt bedoeld of het alleen maar gezegd om een goede beurt te maken ? Hij

had gemerkt dat voor Jezus vergeven toch wel heel belangrijk was. Hij wist wel dat niemand zevenmaal kan vergeven, dat dat veel te veel gevraagd zou zijn, maar wellicht om een goed figuur te slaan, zei hij: 'Tot zevenmaal toe ?' Misschien dacht hij dat Jezus zou zeggen: 'Petrus, jij bent heel edelmoedig, maar zeven keer hoeft niet, driemaal is al genoeg.' Eén keer vergeven is al zo moeilijk, driemaal vergeven is bijna onmogelijk, maar tot zevenmaal toe ! En wat zegt Jezus ? 'Neen, niet zevenmaal, maar zeventigmaal zevenmaal !'
Daarop volgt die beroemde parabel *(Mt 18, 23-35)* waarin de oneindigheid van onze schuld tegenover God wordt uitgebeeld. Een man heeft een miljoenenschuld, maar de koning scheldt hem alles kwijt. Maar dan blijkt er een mededienaar te zijn die een paar tientjes schuldig is aan degene, aan wie die miljoenenschuld werd kwijtgescholden. Daar maakt laatstgenoemde zich verschrikkelijk kwaad over: hij eist en hij blijft hard. Hij wordt teruggeroepen bij zijn heer. Dan blijkt dat de kwijtschelding van die miljoenen niet gewerkt heeft: hij blijft die miljoenen schuldig. Blijkbaar werkt vergeving niet die je dacht te ontvangen, zolang je zelf niet vergeeft.
Er zijn nog meer uitspraken van Jezus die in dezelfde lijn liggen, bijvoorbeeld: 'Oordeel niet en je zult niet geoordeeld worden, veroordeel niet en je zult niet veroordeeld worden' *(Mt 7, 1-3)*. Als jij oordeelt, dan word je ook geoordeeld, dan roep je het oordeel over je af. Mensen die anderen oordelen of veroordelen, voelen zich meestal ook zelf geoordeeld en veroordeeld, voelen zich afgewezen. Zij die zich afgewezen voelen door de anderen, staan zelf ook afwijzend tegenover hun medemensen. Daarin gebeurt het oordeel Gods, dat hier door mensen voltrokken wordt.
Dit geldt ook voor de volgende uitspraak: 'Met de maat waarmee jij meet, zul je ook gemeten worden' *(Lc 6, 37-38)*. Jezus zegt: je moet geven met overvloed, zo dat het langs alle kanten overloopt. Dat is eigenlijk pas geven. Als je niet meer wilt en kunt geven dan strikt nodig is, is dit een teken dat je

zelf ook niet meer kunt ontvangen, zostraks, als jij een keer de ander nodig hebt. Als die ander dan ook een keer iets aan jou wil geven, kun je het gewoon niet meer ontvangen. Hetzelfde geldt bij het vergeven. Ons vergeven bepaalt de maat van ontvankelijkheid voor de goddelijke vergeving. Zo zien we dat de mens niet alleen maar dat van God afhankelijke wezen is, maar dat zijn menselijke volwassenheid, aansprakelijkheid, een dimensie krijgt die eigenlijk goddelijk is. Vergeven is het meest goddelijke dat denkbaar is. Jezus verwacht van ons dat wij vergeving schenken aan elkaar, dat wij delen in, putten uit die goddelijke kern in ons. Dit is een dynamisch gebeuren. Vergeving: we ontvangen vergeving en het vloeit door. De werkelijkheid van het doorstromen bepaalt ook de mogelijkheid van het ontvangen. 'Vergeef ons onze schulden, zoals ook wij onze schuldenaars hun schuld vergeven.'

God, Gij gaf ons het bewustzijn
in vrijheid te kiezen en te handelen.
Wij beseffen dat wij verantwoordelijk zijn
en aansprakelijk voor onze daden.
Wij staan voor U in een diep besef van schuld,
omdat wij tegenover U en tegenover onze medemens
voortdurend falen,
te kort schieten in wat wij eigenlijk zouden moeten zijn.
Jezus leerde ons dat Gij voor ons
een en al barmhartigheid wilt zijn,
dat wij altijd mogen vertrouwen op uw vergevende liefde.
Leer ons ook zelf vergiffenis te schenken
aan wie ons te kort gedaan heeft
om in staat te zijn uw vergeving te ontvangen.
Laat barmhartige en vergevende gezindheid
kenmerkend zijn voor ons leven met elkaar,
zodat wij U navolgen
en dragers worden van uw liefde.

Beproeving

'Leid ons niet in bekoring.'
Dit is de zesde van de zeven beden van het 'Onze Vader' volgens de versie van Matteüs. Bij Lucas is het de laatste bede *(Mt 6, 13a; Lc 11, 4b)*. Het is ook de bekende katholieke vertaling. De oecumenische vertaling luidt: 'Leid ons niet in verzoeking.'
Het is niet zo makkelijk om deze bede goed te begrijpen. Het blijkt dat we een parallel van deze bede vinden in de oproep die Jezus tot zijn leerlingen richt in de Hof van Olijven: 'Waak en bid opdat gij niet op de bekoring ingaat' *(Mt 26, 41)*. Evenals bij de bede 'Uw wil geschiede' ligt in deze bede van het 'Onze Vader' een verwijzing naar de Hof van Olijven.
De Hof van Olijven is een zeer dramatische situatie geweest in Jezus' leven: de traditie vertelt ons dat Jezus daar gebeden heeft op leven en dood.
Wat gebeurde daar met de leerlingen ? De leerlingen hadden de neiging in slaap te vallen. Maar daardoor waren zij niet langer bewust van wat zich daar aan het voltrekken was, hadden zij niet langer oog voor de eigenlijke betekenis van wat vlak bij hen gebeurde. Wat was dat ? We mogen gerust zeggen: de ondergang van de wereld ! Dat klinkt wellicht overdreven. Jezus in de Hof van Gethsemane, zijn doodsangst, zijn doodsstrijd, dat lijkt toch maar een incident te zijn geweest. Is het hele mensenbestaan, het hele mensenleven eigenlijk, wel meer dan een reeks incidenten ? Kan de worsteling van Jezus in Gethsemane een beslissende gebeurtenis geweest zijn voor heel de wereldgeschiedenis, heel het menselijk geslacht ? In welke zin kunnen we daar 'ja' op antwoorden ?
Het is zeker dat daar het lot bezegeld werd van Jezus' prediking van het Koninkrijk, en deze prediking was kans-

loos gebleken, tot mislukking gedoemd. Het Koninkrijk zou dus niet komen, Gods koningsheerschappij kreeg geen kans heel onze aarde, heel de mensheid, heel onze wereld te doordringen, om te vormen. Alles zou gewoon doorgaan en vast blijven zitten in een fataliteit die uiteindelijk naar de ondergang zou voeren.

De aansporing van Jezus tot zijn leerlingen om te waken en te bidden was een oproep tot waakzaamheid. Er zijn meerdere plaatsen in het Evangelie aan te wijzen waar Jezus heeft opgeroepen waakzaam te zijn. Denk maar aan de uitspraken van Jezus waarin Hij de wereld vergelijkt met de dagen van Noach *(Gn 6)* en met de dagen van Sodom *(Gn 19)*. De mensen leefden gewoon door: eten en drinken, huwen en uitgehuwd worden, kopen en verkopen, het gewone menselijk bestaan met al zijn menselijke bekommernissen. Maar ineens kwam de zondvloed. Alleen Noach had het in de gaten, hij had voorzorgen genomen en de ark gebouwd; alleen Lot had het in de gaten en had zich laten redden uit de stad die ten ondergang gedoemd was *(Mt 24, 37-38; Lc 17, 26-27)*.

Zo was het ook in de tijd van Jezus. Heel de wereld ligt aan de rand van de ondergang en de leerlingen liggen te slapen, ze hebben niets in de gaten. 'Waak en bid dat je aan dat grote gevaar van de ondergang ontkomt.' Gevaar van de ondergang: dit is dan eigenlijk de betekenis van het woord 'bekoring', 'verzoeking'. Er dreigt gevaar. 'Valstrik' is misschien ook een goed woord. Door het feit dat je niet in de gaten hebt wat er aan het gebeuren is, kom je om in de verschrikkelijke catastrofe die op het punt staat zich te voltrekken.

Dat is de achtergrond van deze bede van het 'Onze Vader'. Als er staat: 'Leid ons niet in bekoring', of 'Waak en bid opdat je niet op de bekoring, verzoeking ingaat', dan gaat het om waakzaamheid, want er wordt verondersteld dat de grote catastrofe aanstaande is. Vandaar de woorden: bekoring, verzoeking, verleiding, aanvechting, valstrik. Daarom is waakzaamheid geboden.

Wanneer je het Evangelie openslaat, zie je dat waakzaamheid de strekking is van een groot aantal parabels, bijvoorbeeld de parabel van de huisvader die lekker ligt te slapen. Ondertussen komt de dief, breekt in en neemt alles mee. Als de huisvader niet geslapen had, was er wellicht niets gebeurd *(Mt 24, 42-44; Lc 12, 39-40)*.
Ofwel de parabel over de plotselinge controle die plaatsheeft. Degene die met het bestuur belast is, gaat zijn eigen gang, maar ineens wordt hij verrast door een controle. De controle komt plotseling, onvoorzien *(Mt 24, 45-51; Lc 12, 42-46)*.
Ofwel de parabel van de bruidsmeisjes. Zij die zich voorbereid hadden en olie hadden meegenomen – waakzaamheid is iets van het moment zelf, maar veronderstelt ook een langdurige voorbereiding – mochten mee naar binnen en de fakkeldans uitvoeren bij de bruiloft. Zij die zich niet hadden voorbereid, die geen olie hadden meegenomen, die kortzichtig waren geweest en op 't laatste ogenblik waren weggegaan om olie te kopen, kwamen te laat voor het feest en mochten niet naar binnen *(Mt 25, 1-13)*.
In al deze parabels, uit het dagelijks leven genomen, roept Jezus op tot waakzaamheid, alertheid. Hij zegt: word bewust van wat er eigenlijk aan de hand is.
Ook Paulus heeft opgeroepen tot waakzaamheid. Hij formuleert het aldus:

'Ik bedoel dit, broeders: de tijd is kort geworden. Laten daarom zij die een vrouw hebben, zijn als hadden zij ze niet; zij die wenen, als weenden zij niet; zij die zich verheugen, als waren zij niet verheugd; zij die kopen, als werden zij geen eigenaar. Kortom, zij die met het aardse omgaan, moeten er niet in opgaan; want de wereld die wij zien, gaat voorbij' *(1 Kor 7, 29-31)*.

Paulus spreekt in termen van een tijdschema. Dat beantwoordt aan de gedachte die ook bij Jezus in de Hof van Olijven meespeelt: de tijd is kort geworden, de catastrofe kan ieder ogenblik plaatsvinden, bedenk wel, de hele wereld kan ieder ogenblik in elkaar storten. Blijf dus alert, blijf toekijken wat er aan het gebeuren is. 'De wereld die wij zien, gaat voorbij': de grote catastrofe is ophanden, het einde van de wereld is nabij.

Dit is het bijbelse tijdschema dat je ook terugvindt in de woorden van Jezus, in het evangelie van Lucas waarnaar ik al verwees: het leven gaat gewoon door en je hebt niet in de gaten dat je gevangen raakt in de eindigheid, de beperktheid van het bestaan en dat je de oneindigheid van het leven, de oneindigheid van Gods liefde, van Gods oproep om voor Hem te bestaan helemaal uit het oog verliest. Het bijbelse tijdschema van de aanstaande ondergang maakt ons op een heel indringende wijze bewust van het onderscheid tussen eindig en oneindig. Het gaat om iets heel wezenlijks: 'Zo met het aardse omgaan dat we er niet in opgaan' *(1 Kor 7, 31)*. Het gaat om een grondhouding van waakzaamheid.

Hier raken we al de kern van de betekenis van deze bede: 'En leid ons niet in bekoring.'

Toch is het woord dat het 'Onze Vader' gebruikt, niet 'waakzaamheid' maar 'beproeving'. Wat betekent het woord 'beproeving' ?

Een voorbeeld uit het leven van onze tijd: je gaat iets nieuws kopen, een auto. Wat doe je voordat je hem koopt ? Je maakt er een ritje mee, beproeft de auto. Je neemt een proef om te kijken of de auto beantwoordt aan datgene wat je ervan verwacht. Ofwel je koopt iets anders, een CD-speler. Het is een apparaat dat je eerst wilt laten werken voor je een bewuste keuze kunt maken. Je koopt dat ding pas nadat je het beproefd hebt, nadat je hebt vastgesteld dat het beantwoordt aan wat het eigenlijk moet zijn, aan wat je ervan mag verwachten.

In die zin beproeft God de mens. Hij wil kijken wat er eigenlijk in hem zit, om eruit te halen wat erin zit. Het verschil tussen een auto, een CD-speler of welk apparaat dan ook, en een mens is, dat een machine reageert volgens de constructie, volgens het programma, maar dat het bij een mens onzeker blijft wat er gaat uitkomen. Een mens is vrij. Het kan twee kanten op. Je vindt daar verschillende voorbeelden van in de bijbel en het is misschien goed dat we daar even bij stilstaan.

In het Oude Testament is het meest bekende voorbeeld de beproeving van Abraham door God *(Gn 22)*. God stelt Abraham op de proef en wel door hem het offer te vragen van zijn zoon Isaak. In welke context staat dit verhaal ? Abraham was uitgenodigd om in God te geloven, met Hem op weg te gaan. Abraham doet dat en krijgt de belofte van een nageslacht en van het land dat hem en zijn nageslacht zal worden geschonken. Die beloften worden alsmaar niet vervuld. Waar het om gaat, is God, en God is veel belangrijker dan datgene wat Hij belooft. Op een bepaald moment wordt de belofte van het nageslacht wel vervuld: er komt een zoon. Nu kan Abraham denken: nu ben ik er, ik heb een zoon. Maar het blijft om God gaan en Abraham wordt opnieuw op de proef gesteld. Ben je bereid je zoon te offeren ?
Dit heeft zeker een eigentijdse achtergrond die, zoals het er nu staat, voor ons volkomen onbegrijpelijk, onverstaanbaar is. Voor mensen van die tijd had het mensenoffer, zeker het kinderoffer, echter een enorm grote aantrekkingskracht *(Jr 7,31; 19,5; 32,35; Ez 16,21)*. In het Hinnomdal brachten ze kleine kinderen door het vuur ten offer. Dit gebeurde in een sfeer van angst: je kunt je alleen maar verzoenen met de godheid, als je offert wat jou het dierbaarst is. Daar zit op zich wel een wezenlijke gedachte in, maar de manier waarop het gebeurde, boezemt ons alleen maar afschuw in. Voor de mensen van die tijd was het echter een grote bekoring.
Dat is dan ook mede de achtergrond van het offer van Isaak. Abraham is bereid zijn zoon af te staan, maar van de andere kant behoudt hij een openheid naar Gods ingrijpen. Dat is zo belangrijk ! Denk maar eens aan het schilderij van Rembrandt waar hij dat offer van Isaak uitschildert: licht en donker. In de spanning tussen beide, in hun tegenstelling en

onderlinge betrokkenheid, voltrekt zich het aardse bestaan. Licht en donker.
Kan Abraham het uithouden in die spanning ? Of legt hij zich maar neer bij het noodlot in een doffe berusting ? Dat doet Abraham niet. Wel is hij gehoorzaam, hij accepteert het duister, hij geeft het duister een plaats, maar hij doet dat zó dat er toch de openheid naar het licht blijft.
Abraham wordt in dit verhaal tweemaal geappelleerd door God. Abraham wordt door God aangesproken, heel direct, bij zijn naam: 'Abraham, Abraham.' En Abraham zegt: 'Hier ben ik.' Dan is er eerst die duistere opdracht: 'Offer je zoon, offer degene die je liefhebt, het meest kostbare dat je hebt, breng hem ten offer.' Op het einde wordt Abraham opnieuw aangesproken. Dan zegt God: 'Offer je zoon niet, doe het niet.'
Daar tussenin wordt hij aangesproken door Isaak zelf. Deze zegt, met de verwondering van het kind: 'We hebben alles, het offermes en het vuur en de takkenbos, alles is in gereedheid, maar waar is het offer, waar is het offerdier ?' Dan zegt Abraham – zó staat het er in het Hebreeuws: '*God ziet.*' Abraham zelf ziet niets, maar hij weet en vertrouwt er onomstotelijk op dat God ziet !
Dit is ook de naam van de berg Moria, de berg waarop het offer moest worden gebracht: de berg waar God ziet. Tegelijkertijd betekent dit: God voorziet, God zorgt. Het vertrouwen dat *God ziet*, drukt de waakzaamheid uit. Waar gaat hij uitkomen ? Hij weet het niet, maar er is een alert vertrouwen: op een of andere manier komt het goed, welke donkere wolken zich ook samenpakken.
En uiteindelijk wordt Abraham opnieuw door God aangesproken: 'Abraham, Abraham, raak je zoon niet aan, doe hem geen kwaad.' Het blijkt dan dat er in het struikgewas een offerdier zit, dat in de plaats van Isaak geofferd kan worden. 'Nu weet Ik,' zegt God, 'dat gij God vreest, dat gij weet dat het eigenlijk om God gaat.'
Het gaat niet om het gebruiken van God, bijvoorbeeld om een zoon te krijgen, neen, het gaat om God zelf. Hoewel de

zoon heel belangrijk is, blijft het om God gaan. God is niet een middel dat Abraham gebruikt om zijn plannen te verwezenlijken. *God ziet*. Dat is de bewustzijnsverruiming die in de beproeving plaatsvindt.

'Nu weet Ik dat gij God vreest.' Nu *weet* Abraham: hij is zich bewust geworden van een andere dimensie van de werkelijkheid, en zijn zoon Isaak is niet langer het eindpunt van zijn bestaan. Isaak is een beperkte gestalte, maar nu doorstraald van een andere werkelijkheid, namelijk de werkelijkheid van God.

Zo wordt aan ons de beproeving voltrokken. De vraag rijst dan: kun je het uithouden in het donker, of leg je je maar neer in een doffe berusting ? Leer je door de beproeving heen het duister een plaats te geven en blijf je open voor het licht ? Blijf je vertrouwen dat 'God ziet' ?

Een ander verhaal over beproeving – dat ons heel veel kan leren en ongeveer dezelfde strekking heeft – vinden we in het achtste hoofdstuk van het boek Deuteronomium. Het klinkt allemaal heel mooi !

'Blijf denken aan heel die tocht van veertig jaar die Jahwe uw God u in de woestijn heeft laten maken.'

De woestijn is de plaats van de beproeving. Tegenwoordig zouden we spreken van een survival-training. God laat het volk een soort survival-training doormaken om te zien wat er uitkomt. Het is eigenaardig dat mensen er eigenlijk naar verlangen met uiterste situaties geconfronteerd te worden. Dat is een heel diep verlangen in de mens. En God beproeft ons dan om te zien wat er in de mens zit.

'Hij heeft u toen vernederd en op de proef gesteld om uw gezindheid te leren kennen: Hij wilde zien of gij zijn geboden zoudt onderhouden of niet. Hij heeft u vernederd en u honger laten lijden, maar u ook het manna te eten gegeven dat gij noch uw vaderen ooit hadden gezien.'

Ze werden vernederd, ze hebben alle verschrikkingen en alle ellende meegemaakt in de woestijn, onvoorstelbaar ! God beproefde hen om te zien wat er in hen zat. Toen ze die beproeving doorstonden, ontvingen ze tot spijs het 'manna': beeld van verzadiging.

'Hij wilde u daardoor laten beseffen dat de mens niet leeft van brood alleen, maar van alles wat uit de mond van Jahwe komt. De kleren aan uw lijf zijn niet versleten en uw voeten zijn niet gezwollen, al die veertig jaar. Besef dan dat Jahwe uw God u heeft opgevoed.'

'Beseffen': het gaat om een nieuw bewustzijn. Jahwe uw God heeft u opgevoed. Hoe gebeurt die opvoeding ? Door bewustwording. Bewustwording is datgene waar het God om te doen is.
Dit is het eerste gedeelte van dit hoofdstuk, dat zich afspeelt in de woestijn.

Het tweede deel ervan speelt zich af in het beloofde land. De woestijn met haar survival-training is een doortocht: het is niet de bedoeling dat het volk daar blijft. Uiteindelijk moet het naar het beloofde land.
De woestijn is uiteraard de plaats van de beproeving, het beloofde land is dat ook, maar op een veel subtielere manier.

'Voorwaar, Jahwe uw God brengt u in een heerlijk land, een land met beken vol water, met bronnen en stromen, die op de bergen en de dalen ontspringen, een land met tarwe, gerst, wijnstokken, vijgen en granaatappels, een land met vette olijven en honing, een land waar je niet zuinig hoeft te zijn met brood en waar het u aan niets ontbreekt, een land waar ijzer zit in het gesteente en waar men koper delft uit de bergen.'

Je ziet met wat voor een verve dat beloofde land beschreven wordt. Een ongelooflijke weelde ! In de Shefala, de kust-

vlakte vol met citrusbomen, kun je je die weelde wel enigszins voorstellen, maar in het bergland van Juda... Jeruzalem wordt kunstmatig bevloeid, maar in het bergland van Juda, een dor, droog woestijngebied, hoe kunnen daar mensen leven !
Hoe het ook zij: het beeld dat hier geschilderd wordt, is dat van een paradijs, een onvoorstelbaar visioen.

'Maar als gij daar volop te eten hebt, prijs dan Jahwe uw God om het heerlijke land dat Hij u schonk. Wacht u ervoor, Jahwe uw God te vergeten.'

Nu heb je alles. Je hebt God helemaal niet meer nodig. Waarom zou je nog aan God denken ? God heeft het gegeven, jazeker, het beloofde land is een gave Gods, je hebt het niet zelf gemaakt. Maar als je daar eenmaal bent, dan is het allemaal zo fijn en zo heerlijk en is er zo'n overvloed dat je God vergeet, want God heeft geen functie meer !
Dat is de mens die in deze aardse wereld binnenkomt: hij heeft een goddelijke oorsprong. Een kind is zich daarvan nog bewust totdat het zelfstandig, volwassen begint te worden. De volwassene vergeet echter zijn oorsprong, want hij heeft een opdracht in deze wereld. Als alles meeloopt, is het hier het beloofde land: alles is zo onvoorstelbaar fijn, zo heerlijk ! En zo vergeet de mens God.

'En wanneer gij volop te eten hebt, mooie huizen bouwt, veel runderen en schapen krijgt, zilver en goud ophoopt, zodat al uw bezittingen toenemen, laat dan uw hart niet hoogmoedig worden, zodat ge Jahwe uw God vergeet, die u uit Egypte, dat slavenhuis, heeft geleid; die u door die grote en verschrikkelijke woestijn heeft gevoerd.
... En mocht bij u de gedachte opkomen: met mijn eigen kracht en met mijn sterke hand heb ik deze rijkdom verworven, bedenk dan dat het Jahwe uw God is die u kracht schenkt om rijkdom te verwerven.'

Het gevaar van hoogmoed: ik heb het zelf gedaan. Zelfvertrouwen wordt natuurlijk niet afgewezen. De mens dient zelfvertrouwen op te bouwen. Dit moet echter gebeuren in onafgebroken verbinding met de oorsprong, met godsvertrouwen. Wat leer je in de survival-training van de woestijn ? Je leert er godsvertrouwen, je leert de werkelijkheid van God beseffen. Alleen God redt je en je hangt voortdurend aan een zijden draad, je loopt voortdurend langs de afgrond. Maar als je eenmaal in het Beloofde Land bent, als je ik floreert, waar is God dan nog voor nodig ?
We leven in een consumptiemaatschappij. Waar is God ? Nooit van gehoord. Zo zien we het gebeuren. Het spreekwoord zegt: 'Nood leert bidden.' Op het moment dat alles in elkaar stort, leer je bidden. Maar zolang de consumptiemaatschappij floreert, zolang iemand maar op de knop van een automaat hoeft te drukken en meteen alles heeft wat zijn hartje begeert, is er voor God geen functie. Het zelfvertrouwen floreert, het leven is heerlijk ! Je vergeet God en je denkt: ik doe het zelf; de consumptiemaatschappij komt toch van ons ?
De beproeving van de consumptiemaatschappij is: God te vergeten. Zoals Paulus ook zegt: 'Rijkdom is een beproeving' (vgl. *1 Tim 6, 17*), in de zin van een valstrik.
Nu blijkt wat in de mens zit: hij is tevreden met zichzelf, met het wereldje dat hijzelf geschapen heeft. Dat is voor hem genoeg. God ? God heb ik niet nodig. Het functioneert, het floreert allemaal zonder God. Waarom zou je je met God bezighouden ?
Er zijn dus twee vormen van beproeving die je in de bijbel terugvindt. Je zou ze kunnen noemen: de uitdaging van de woestijn en de valstrik van het Beloofde Land.
Jezus nu verkondigt dat deze wereld voorbijgaat, dat ze dus een valstrik is voor degene die niet gelooft in het koninkrijk Gods. Het aardse, het eindige dreigt steeds weer een valstrik te worden. 'Leid ons niet in verzoeking.' Leer ons de aandacht, waakzaamheid, de alertheid om door het eindige heen het oneindige, God, te blijven zien. Dát is de grote

uitdaging. Dat is het ook waartoe Jezus ons in deze bede oproept: Hij wil ons die waakzaamheid leren, die alertheid, die bewustzijnsverruiming waarin God, de oneindige God, het koninkrijk Gods, de vervulling wordt van ons hart, van ons menselijk verlangen, van het diepste dat in ons is.
Als wij ons dus de vraag stellen, hoe wij in deze bede worden aangesproken – zoals wij ons deze vraag gesteld hebben bij de beden om het dagelijks brood en om vergeving (daar waren de antwoorden: als behoefte-wezen, als ik-wezen) – dan zou ik nu willen zeggen: als zin-wezen. Of moet ik zeggen als keuze-wezen ?
Het is de opdracht van het menselijk bestaan tot een keuze te komen voor de diepste zin van het leven. Ervoor zorgen dat je noch in de behoefte gevangen blijft, noch in de overvloed blijft steken. Leren doorbreken door alle beperkte vormen heen. Leren door het eindige heen de Oneindige te zien. Het is dus een bede die aan Jezus in de Hof van Olijven bloed, zweet en tranen gekost heeft, een bede die dat ook aan ons kan kosten, om door de grenzen van het eindige heen te breken naar het oneindige van Gods liefde toe.

God, onze Vader,
maak ons standvastig en trouw in de beproeving.
Leer ons aandachtig en waakzaam te zijn.
Leer ons helder en scherp de illusies te doorzien,
de betovering te weerstaan
van de uiterlijke schijnwereld waarin wij leven,
van de oppervlakkige versnippering
waarin wij onszelf dreigen te verliezen.
Laat onze aandacht zuiver en sterk zijn
en altijd gericht op uw waarheid,
zodat we mogen doordringen
tot de diepste diepte van uw Wezen,
tot uw alles overstijgende Aanwezigheid in onze wereld.

De Boze

'Verlos ons van het kwade', zo luidt de traditionele katholieke vertaling van deze laatste bede van het 'Onze Vader' volgens Matteüs. 'Verlos ons van den Boze' is de nieuwe oecumenische versie.

Het Grieks laat beide vertalingen toe; het is niet duidelijk – al lijkt het, in het totaal van de nieuwtestamentische context, het meest waarschijnlijk – of het hier gaat over de Boze, de Kwade, het kwade dus als persoonlijke macht.

Alleen Matteüs heeft deze bede en hij leidt ze in met het woordje 'maar' waardoor ze met de vorige bede verbonden wordt. Dat betekent dat beide beden heel nauw op elkaar betrokken zijn. Deze laatste bede is bijna een soort uitdrukkelijke omschrijving van de voorafgaande: enerzijds wordt gezegd dat God beproeft, anderzijds ook dat de duivel de satan beproeft.

In de beproeving word je heel intens geconfronteerd met de machten van het kwaad. Jezus zegt vóór zijn lijden: 'De vorst der wereld is op komst, het is nu het uur van de duisternis' (vgl. *Joh 14, 30* en *Lc 22, 53*). In de beproeving die Jezus doormaakt in de woestijn, zijn survival-training – een duplicaat van die van het volk van Israël in de woestijn – gebeurt ook de confrontatie met de machten van het kwaad. Hij wordt door de duivel op de proef gesteld.

In de beproeving zit inderdaad een strijd tegen de macht van het kwaad. Dat is voor de moderne mens, met zijn wetenschappelijk wereldbeeld, moeilijk te begrijpen: wat niet wetenschappelijk geverifieerd kan worden, wordt tot niets gereduceerd, bestaat eenvoudig niet. Engelen, maar ook de duivelen, de onzichtbare wereld van het kwaad, worden door de moderne mens toch eigenlijk niet serieus genomen. De invloed van dit wetenschappelijk wereldbeeld reikt heel ver. Soms echter lijkt die invloed ineens te verdwijnen en

komen er golven van onvoorstelbaar bijgeloof los. Allerlei entiteiten uit de onzichtbare wereld gaan dan ineens de hoofdrol spelen. Er ontstaat een soort 'zwart gat', en men komt terecht in de sfeer van het paranormale.
In de bijbel spelen ze echter geen hoofdrol: hier gaat het om God en de mens. In het wereldbeeld van de bijbel waren engelen en duivelen wel vanzelfsprekend, maar hadden ze een onopvallende, bemiddelende functie.
Pas in de laatste eeuw voor Christus en in de eeuwen daarna zien we dat engelen en duivelen geradicaliseerd worden tot alles bepalende gestalten, zozeer zelfs dat de grenzen van de zichtbare en onzichtbare wereld dreigen te vervagen. Dit komt vooral tot uiting in het zogenaamde literaire genre van de apocalyptiek. Maar ook buiten dit strikt literaire genre, in die tijd heel populair, zien we de invloed van deze voorstelling werkzaam in bijbelse en buitenbijbelse literatuur en kunst. Zelfs in die mate dat de indruk gewekt wordt dat de menselijke verantwoordelijkheid verdwijnt.
Wellicht dat hier de diepste vraag ligt – afgezien nog van het verschil van wereldbeeld, wetenschappelijk of mythisch – naar waar onze eigen verantwoordelijkheid en waar een allesomvattende samenhang met de machten van het kwaad ligt. Ook echter de vraag die steeds weerkeert in het 'Onze Vader': hoe verhoudt zich onze verantwoordelijkheid met de afhankelijkheid van Gods helpend ingrijpen, van zijn wereldbestuur ?
Laten we eerst kijken naar een aantal uitspraken van Jezus die zich vooral richten op de eigen verantwoordelijkheid van de mens. Daar is allereerst de oproep tot bekering: 'Bekeer u en geloof in de blijde boodschap, want het rijk Gods is nabij' *(Mt 4, 17; Mc 1, 15)*. Dat is het uitgangspunt van Jezus' prediking. In de confrontatie met de Farizeeën wordt dit nog toegespitst. De Farizeeën legden alle nadruk op rituele en wettische reinheid. Tegen de opeenhoping van reinheidsvoorschriften die eigenlijk fungeren als een afleidingsmanoeuvre, protesteert Jezus met klem, en Hij

wijst dan het hart aan als oorsprong van het kwaad *(Mc 7, 21-23)*. In het hart van de mens valt de beslissing.
Dit is ook het perspectief van de Bergrede. Jezus verklaart een moraal van de daad onvoldoende. Alleen de daad conformeren met het voorschrift, dat leidt niet tot een binnengaan in het koninkrijk van God. Het gaat erom het hart te zuiveren van de greep die emoties van toorn en begeerte op ons kunnen hebben. Het gaat dus om de zuiverheid van hart *(Mt 5, 8)*. Het onderhouden van rite en wet, hoe hoogstaand ook, is niet voldoende.
Bekering houdt dus een radicaliteit van keuze in.
Het onderscheid tussen goed en kwaad is vaak niet scherp afgelijnd; in het dagelijks leven lopen ze door elkaar heen. We weten uit ervaring dat iemands fouten en kwaliteiten heel dicht bij elkaar liggen (in het Frans kent men de uitdrukking: 'les défauts de ses qualités'). Het goed en het kwaad zijn met elkaar verweven. Wij mensen zijn dan ook geneigd van alle twee een beetje te nemen.
Maar Jezus radicaliseert de keuze en laat ook zien welke gevolgen die keuze heeft:

'Zo brengt iedere goede boom goede vruchten voort, maar de zieke boom brengt slechte vruchten voort' *(Mt 7, 17)*.

Goed en kwaad worden gescheiden. Als je slechte vruchten hebt, kun je niet zeggen: 'Dat is slechts de buitenkant, vanbinnen is het toch wel goed.' Neen, er ligt een duidelijke consequentie:

'Een goede boom kan geen slechte vruchten dragen' *(Mt 7, 18)*.

Bij Lucas staat in deze context een heel sterk woord:

'Een goed mens brengt uit de schat van goedheid in zijn hart het goede te voorschijn, maar een slechte uit zijn schat van slechtheid het slechte' *(Lc 6, 45)*.

In de mens zijn beide mogelijkheden dus aanwezig: er kan een schat van goedheid zijn, maar ook een vermogen tot slechtheid.
Nog een andere tekst die we ook bij Matteüs vinden, is in dit verband erg belangrijk. Hart en oog worden met elkaar verbonden: het hart ziet, en zoals het hart ziet, zo is de mens:

'De lamp van het lichaam is het oog. Wanneer dus uw oog helder is, zal heel uw lichaam verlicht zijn. Is echter uw oog slecht, dan is heel uw lichaam duister. Indien dus zelfs uw innerlijk licht duister is, hoe erg zal dan de duisternis zijn !' *(Mt 6, 22-23)*.

Het innerlijk licht: het licht van je hart. Hoe kijk je ? Het gaat om een bepaalde fundamentele keuze want:

'Niemand kan twee heren dienen' *(Mt 6, 24)*.

Uiteindelijk moet je kiezen en de keuze gebeurt in het hart.

Er is nog iets dat opvalt, en daarmee zetten we een eerste stap naar de collectiviteit van het kwaad.
Jezus noemt zijn tijdgenoten verschillende keren een zondig, slecht, overspelig geslacht (vgl. *Mt 12, 39; 16, 4; Mc 8, 38; Lc 11, 29*). Dat is natuurlijk niet zo vriendelijk. Moeten wij concluderen dat die mensen toevallig een stuk slechter waren dan wij ? Wij hebben de neiging onszelf als redelijk goed te beschouwen; wij zijn immers fatsoenlijk en kijken dan neer op die mensen die heel erg slecht waren volgens het Evangelie. Dan hebben wij Jezus' woorden niet begrepen. De mensen van Jezus' tijd zullen in doorsnee even goed of even slecht geweest zijn als wij.
Maar wat gebeurde er toen ze met het goede geconfronteerd werden – niet met het doorsnee-goede, maar met een zo opvallend gebeuren als dat van Gods aanwezigheid in Jezus ? Wat gebeurde er toen ze geconfronteerd werden met de Heilige Geest ? Dat riep blijkbaar een verzet op

waar Jezus' tijdgenoten zelf ook versteld van hebben gestaan.
Wanneer alles middelmatig is en rustig verder kabbelt, is er wel kwaad, maar zonder probleem, want dan zijn goed en kwaad in een redelijk evenwicht. Maar wanneer het goede zich manifesteert met een geweldige kracht, zoals dat in de gestalte van Jezus het geval was, zo overduidelijk, met zulke sterke contouren, dan blijkt dat in de mensen een enorm verzet op te roepen. Dat is het verzet dat in Jezus' tijd te zien was, vooral vanwege de leiders van het volk, de mensen van het sanhedrin, maar ook vanwege de schriftgeleerden, de Farizeeën, de geestelijke leiders, de geestelijke 'professionals', die in het Nieuwe Testament als de haard van het verzet werden aangewezen. Ze komen uit Jeruzalem naar Galilea, ze beïnvloeden de mensen en die laten zich ook beïnvloeden, want ze durven niet goed stelling te nemen. Zo zien we dat er ten opzichte van Jezus een verzet groeit dat onvoorstelbaar is.
Hieruit blijkt dat het kwade in zekere zin wordt opgeroepen door het goede. Waar het goede zich in alle duidelijkheid manifesteert, komt ook het verzet ertegen in de mens naar boven.
Jezus was de hoogste Openbaring van Gods goedheid. Aldus worden Jezus' tijdgenoten 'het zondige en overspelige geslacht' bij uitstek, het prototype van de zondigheid van heel de wereldgeschiedenis. Al het vergoten bloed van de rechtvaardige Abel tot en met dat van de laatste profeet zal van hen worden opgeëist *(Mt 23, 34-35)*. Dit wijst bovendien op een samenhang van het kwaad: in de zondige daad sta je niet alleen, maar is er een verbondenheid over de generaties heen. We komen daar nog op terug.
Jezus' strijd tegen de demonen kunnen we ook in het perspectief zien van radicalisering van goed en kwaad. Hij drijft demonen uit; mensen zijn bezeten door een demon, een kwade macht. Zoiets kunnen wij ook tegenkomen; meestal weten wij daar niet goed raad mee. Wij zullen niet gemakkelijk van demonen spreken, maar wij stoten wel op

krachten van het kwaad waar we niets tegen kunnen doen, waar we volkomen onmachtig tegenover staan. Blijkbaar is het bewustzijn van zulke mensen min of meer in het bezit van vreemde, van vervreemdende machten.
Jezus durft die confrontatie aan, roept ze zelfs bijna op. Denk maar aan het verhaal van Jezus' eerste optreden in de synagoge van Kafarnaüm: een brave kerkelijke gemeenschap die daar op de sabbat samen is. Er is niets bijzonders aan de hand, maar vanaf het moment dat Jezus binnenkomt, is het ineens of de negatieve krachten die daar aanwezig zijn zich samenballen in een verzet tegen Hem. Het verzet eindigt dan met een overwinning van Jezus, die de demon uitdrijft; maar die demon zou onopgemerkt gebleven zijn, als Jezus niet was binnengekomen. Dan was er niets aan de hand geweest *(Mc 1, 21-28)*.
Bij een andere gelegenheid waarbij Jezus weer een demon uitdrijft, zeggen de mensen uit Jeruzalem: 'Hij doet het door de kwade machten !' *(Mt 12, 22-24; Mc 3, 22; Lc 11, 14-15)*. Ze reduceren Jezus tot datgene wat bekend is. Ze zien niet dat God hier zomaar op een onverwachte manier aanwezig is. In de religie is God gekanaliseerd, maatschappelijk aanvaard, de mens weet precies waar hij aan toe is. Maar als God ineens verschijnt op een manier die alle kaders doorbreekt, dan weet de mens dat niet meer.
Dit kan de reactie verklaren die we in het Evangelie vinden: men probeert het wonderlijke te reduceren tot het demonische zelf ! Jezus spreekt dan van de zonde tegen de Heilige Geest *(Mt 12, 31; Mc 3, 29; Lc 12, 10)*, tegen de Geest die in Jezus aanwezig is, dus tegen Gods Geest waar de mens alleen maar met een grote eerbied, met grote bewondering en verwondering tegenover kan staan, waar hij zich alleen maar heel klein bij kan voelen.
Als die werking ontkend wordt, gereduceerd tot het tegendeel, dan blijkt dat de boze macht aanwezig is. Dat is de zonde tegen de Heilige Geest, een verzet dat niet meer te doorbreken is. Want het enige dat kan redden, wordt juist afgewezen. Dat enige dat kan redden, is de kracht van het

goede die naar ons toekomt, en juist die kracht van het goede wordt als iets kwaads beschouwd.
De samenhang van het kwaad komt heel sterk tot uitdrukking in het verhaal van de beproeving van Jezus waar de bekoorder, de duivel, tot Jezus zegt: 'Alle koninkrijken der aarde behoren mij toe, ik geef ze aan wie ik wil' *(Lc 4, 6)*. Dit is een zeer negatieve visie op het wereldbestel; heel het politieke machtsbedrijf wordt eigenlijk als demonisch, als diabolisch beschreven. We weten allen zowel uit ervaring als uit de media, hoe gemakkelijk macht tot corruptie leidt. Macht bederft de mens, niet alleen individueel, maar ook collectief. Er ontstaat een bestel dat slecht is, een ordening die door een boze geest is geïnfiltreerd.
Dat is wat Johannes bedoelt met 'vorst dezer wereld' *(Joh 16,11)*. 'Wereld' is het menselijk bestel, het systeem dat zich afsluit voor God, en dat gebeurt onder invloed – je zou bijna kunnen zeggen: onder leiding – van het kwaad. Bovendien wordt dit kwaad in Jezus' woorden als een persoonlijke macht gezien.
Hoe speelt zich deze invloed van het kwade af ? We zouden kunnen zeggen: door de sfeer die zich in het systeem verspreidt. In deze richting spreekt Paulus' Brief aan de Efeziërs waar het gaat over de strijd tegen de boze machten:

'Leg de wapenrusting Gods aan om te kunnen standhouden tegen de listen van de duivel. Want onze strijd gaat niet tegen vlees en bloed, maar tegen de heerschappijen, tegen de machten, tegen de wereldbeheersers van deze duisternis, tegen de boze geesten in de hemelen' *(Ef 6, 11-12)*.

De strijd die Paulus hier beschrijft, gaat tegen de boze geesten in de hemelen. Dit is een voor ons vrijwel onbegrijpelijk spraakgebruik: boze geesten in de hemelen ! In de antieke opvatting, in de oude voorstelling is er echter niet alleen de hemel van God, de uiteindelijk hoogste hemel, maar zijn er allerlei niveaus: een hele serie hemelsferen.
In de laagste hemelsferen, in de lucht, zegt de Efeziërs-Brief,

daar zit dat boze geestesgedoe. Op een of andere manier oefent dit toch invloed uit op aarde, en wel door een sfeer te scheppen waarin het kwade gedijt.
We kunnen dat zelf ervaren wanneer we ergens in een gezelschap binnenkomen. We nemen dan de individuele mens waar: ieder met eigen gezicht en eigen manier van doen, iedereen zoals hij aanwezig is. Ook kunnen we de sfeer voelen, bijvoorbeeld: een blije ontspannen sfeer, een hartelijke sfeer ! Bij binnenkomst kunnen we echter ook al aanvoelen of er een enorme spanning heerst. Dit is te zien in de ogen van de aanwezigen: men kijkt van elkaar weg, men verdraagt elkaar nauwelijks; er hangt een sfeer van irritatie en van agressie, die heel negatief overkomt.
Een ander voorbeeld: de sfeer in een bedrijf. Die kan bestaan uit: een zucht naar winst, een hebzucht ten koste van alles, zodat men er als het ware over lijken gaat. De mens is van geen belang. Het enige dat telt, is het geld. Zo'n sfeer uit zich vaak in een bepaalde ideologie, die gaat werken als een gesloten systeem.
Hiermee zijn we dan weer terug bij het woord dat Johannes daarvoor gebruikt, namelijk 'wereld': het menselijk bestaan als een gesloten systeem. Voor Johannes was dat concreet de religieuze wereld van het jodendom, of die van Jeruzalem. Voor Paulus was dat de wereld van het heidendom die bepaald werd door afgoderij en mensonterende hartstochten *(Rom 1, 18-25)*.
Iedere mens bewaart individueel wél zijn eigen verantwoordelijkheid, maar ondergaat tevens de invloed van de sfeer waarin hij leeft, waarin hij opgenomen is. De antieke mens was daar gevoelig voor, hij leefde veel meer in een collectiviteit.
We stonden stil bij de tekst van Paulus waarin gezegd wordt dat het menselijk leven een strijd is tegen de boze machten. Dit klinkt anders dan onze bede van het 'Onze Vader' die een schreeuw om verlossing is. De vraag is wie het doet: God of wijzelf ? Wij zijn dit spanningsveld al eerder tegengekomen. Als wij het toch zelf gaan doen, los van God, kan de strijd

tegen het kwade een echte obsessie worden die zelf weer tot een soort bezetenheid kan leiden. De geschiedenis levert ons hiervan voorbeelden te over.
Het bekendste voorbeeld uit de kerkgeschiedenis is wel dat van de heksenprocessen. Mensen waren zozeer bezeten door de strijd tegen het kwade dat ze het kwade overal zagen, behalve in zichzelf. Ze zagen het kwade speciaal in de vrouw. Zij wordt ineens een heks ! Maar ze zagen niet dat deze versmalling, deze reductie tot het kwaad haar oorsprong vond in het niet-accepteren van het kwaad in zichzelf. Als we de strijd tegen het kwade aangaan, moeten we eerst het kwade in onszelf leren ontdekken.
Carl Gustav Jung, de beroemde psychiater, sprak van de 'schaduw' in onszelf: het leren accepteren van de schaduw. Als we de eigen schaduw niet hebben waargenomen, als we de strijd in ons eigen hart niet gestreden hebben en niet hebben gevoeld hoe daar goed en kwaad tegenover elkaar staan, dan kan inderdaad de strijd tegen het kwade buiten ons een volkomen vertekening opleveren, een obsessie worden. Waar was de bezetenheid het grootst: bij de heksen of bij de inquisiteurs ? Dat is een vraag die je inderdaad kunt stellen.
Friedrich Nietzsche heeft dingen soms heel toegespitst gezegd, bijvoorbeeld: 'Wie vervolgt, volgt.' Of zoals, meen ik, Molière het uitdrukte: 'De ondeugd zegt: kijk met welke afgunst de deugd mij beziet !' De deugd kijkt met afgunst naar degene die de vrijheid neemt om fouten te maken.
Wie vervolgt, volgt: we moeten eerst de schaduw in onszelf leren ontdekken. De strijd tegen het kwade moet allereerst in onszelf gestreden worden en mag niet het karakter aannemen van een obsessie.
Als we Gods werking eenzijdig benadrukken, kan de indruk worden gewekt dat het helemaal buiten ons om gaat. Ik hoef het niet te doen, God doet het. God moet me maar verlossen. Het smeekgebed wordt dan een soort 'deus ex machina': je hoeft maar op een knopje te drukken om God te voorschijn te halen. Neen, zo is het niet, al kan het misschien wel zo

klinken, alsof in het smeekgebed heel onze menselijke verantwoordelijkheid op een infantiele manier aan God wordt overgedragen. God moet het maar doen, ik kan toch niets.

De vraag is dus: hoe werkt God dan wel ? Het antwoord luidt: allereerst door ons vertrouwen heen. We kunnen soms zeer sterk het gevoel hebben dat God het moet doen. We voelen dan onze eigen afgrond, onze eigen onmacht: 'Uit afgronden roep ik U, Heer' *(Ps 130, 1)*. Dan wordt het smeekgebed helemaal beleefd zoals het er staat: 'Verlos mij, red mij, ik kan het zelf niet.' Maar toch is dan ook het hart aanwezig, namelijk door het vertrouwen, door het vertrouwen in God.

Het is heel subtiel om die twee, godsvertrouwen en zelfvertrouwen, hun juiste plaats te geven. Er zijn momenten waarop alles godsvertrouwen is, en er zijn momenten dat we voelen hoe het stroomt vanuit het centrum van ons hart, terwijl we helemaal één zijn met onszelf. Dan weten we ook wel dat het gegeven is, maar we voelen tegelijkertijd dat we het zelf kunnen, al is het gegeven. Het godsvertrouwen is de daad waarin we onszelf uitleveren. Het vraagt de grootste moed helemaal ontvankelijkheid te worden.

De sterkste tekst in dit verband vinden we in het evangelie van Marcus. Het is heel opvallend: meestal is de formulering van een smeekgebed en ook de beleving ervan zo dat ik, als ik om iets vraag, het nog niet heb. 'Vraag en u zal gegeven worden; zoek en ge zult vinden; klop en u zal worden opengedaan' *(Mt 7, 7; Lc 11, 9)*. Daar zit al een hele zekerheid in: ik ben er zeker van dat ik het *zal* krijgen, maar ik heb het toch nog niet, terwijl bij Marcus staat: 'Bid en vertrouw dat je het *al verkregen* hebt' *(Mc 11, 24)* ! Dat is de sterkste uitdrukking van vertrouwen: vanaf het moment dat ik bid, heb ik het al ! Als het ware een tekst waarin Jezus zichzelf voorbijschiet.

Het hieraan voorafgaande vers is de beroemde tekst over de berg. Een berg, een belemmering, een obstakel waar je op geen enkele wijze overheen, doorheen of omheen kunt.

Toch zegt Jezus dat het vertrouwen het zal winnen:

'Als iemand tot deze berg zegt: hef u op en stort u in zee, en als hij in zijn hart niet twijfelt maar gelooft dat gebeuren zal wat hij zegt, voor hem zal het werkelijkheid worden' *(Mc 11, 23)*.

En onmiddellijk daarop zegt Jezus, en het staat geschreven in een ongelooflijk sterke formulering:

'Daarom zeg Ik u: alles wat ge in het gebed vraagt, geloof dat ge het al verkregen hebt, en ge zult het verkrijgen' *(Mc 11,24)*.

Het smeekgebed schuift de verantwoordelijkheid niet af naar die almachtige Vader, zodat ik niets meer hoef te doen. Neen, wat ik moet doen is: *vertrouwen*, en wel in zijn meest radicale vorm ! Zoals Gods vergeven in mij gerealiseerd wordt door mijn vergiffenis naar de ander toe, zo wordt Gods almachtig ingrijpen in mij gerealiseerd door mijn vertrouwen.
Zo zien we dus dat ook deze bede van het 'Onze Vader' heel veel inhoudt. Zoals in de vorige bede gaat het om de meest fundamentele keuze voor de zin van het menselijk bestaan. Het kwade houdt ons gevangen in de verdeeldheid, in de gespletenheid. We worden gered van het kwade, van de Boze, doordat we de oorspronkelijke heelheid nu in een bewuste keuze mogen realiseren, de keuze namelijk voor het goede. Daardoor worden we verlost van de vervreemdende macht van het kwade.

God, verlos ons van den Boze,
bevrijd ons van de machten van het kwaad
die ons dreigen te overspoelen.
Breek het verzet in ons
waardoor wij ons afkeren van het goede
en ons verharden in eigenmachtige opgeslotenheid in onszelf.

Laat Jezus' oproep tot bekering
heel diep in ons doordringen,
zodat wij komen tot een radicale keuze voor uw Koninkrijk.
Mogen wij, eens bevrijd van zelfzucht,
tot in de diepste lagen van ons bewustzijn
met een zuiver hart uw Aanschijn weerspiegelen,
uw Glorie uitdragen.

Nawoord

Het 'Onze Vader' is een allesomvattend gebed. Deze woorden die Jezus ons gegeven heeft, ons geleerd heeft, zouden we een vrij losse verzameling van schietgebeden kunnen noemen, korte gebeden die wij als kind reeds dagelijks leerden murmelen.
Maar wanneer we ons bewust worden van wat die beden inhouden, wanneer we ons dat herinneren, dan merken we dat daarin heel het Nieuwe Testament, heel de bijbelse boodschap ter sprake komt. Die bijbelse boodschap wordt ons gegeven in bewoordingen die voor ons moeilijk zijn, en waar we flink tegenaan kunnen botsen. Ieder woord dat we gebruiken, kan voor het logisch verstand een misverstand worden.
We moeten het ons net zolang leren herinneren totdat we inderdaad die dimensie gevonden hebben die al onze denkkaders doorbreekt, maar die ons tegelijkertijd binnenvoert in de eigenlijke werkelijkheid waarvoor we bestemd zijn.

God is anders dan wij Hem denken, maar Hij is ook ons uiteindelijk tehuis, plaats van rust, vrede en voltooiing.

Dit te beseffen is de bedoeling geweest van dit dieper ingaan op de verschillende beden van het 'Onze Vader': helpen om te herinneren, om het murmelen ook tot een meer bewust bidden te maken. In dit bewuste bidden realiseren we ons de onbegrijpelijkheid van God die ons toch heel nabij wil zijn.

Aantekeningen

[1] Neeltje Maria Min, *Voor wie ik liefheb, wil ik heten*, Den Haag 1966.
[2] Kees Waayman, *Betekenis van de Naam Jahwe*, Kampen 1984.
[3] H.C. Moolenburg, *Engelen als beschermers en helpers der mensheid*, Deventer 1983.
[4] Rudolf Otto, *Het heilige*, Hilversum 1963.
[5] Roberto Assagioli, *Over de wil*, blz. 17-42, Meppel 1976.
[6] Harold S. Kushner, *Als het kwaad goede mensen treft*, Baarn 1981.
[7] Otto Buchinger, *Genezend vasten*, blz. 23-29, Amsterdam 1960.